妈妈说给孩子的悄悄话

孩子应该懂的小秘密

关注孩子心理健康比关注孩子学习成绩更为重要

张童/著

黑龙江科学技术出版社

图书在版编目（CIP）数据

孩子应该懂的小秘密 / 张童编著. -- 哈尔滨：黑龙江科学技术出版社，2015.10
 ISBN 978-7-5388-8460-9

Ⅰ. ①孩… Ⅱ. ①张… Ⅲ. ①性教育－儿童教育－家庭教育 Ⅳ. ①G479②G78

中国版本图书馆 CIP 数据核字(2015)第 175738 号

孩子应该懂的小秘密
HAIZI YINGGAI DONG DE XIAOMIMI

作　　者	张　童
责任编辑	焦　琰
封面设计	灵　雪
出　　版	黑龙江科学技术出版社
	地址：哈尔滨市南岗区建设街 41 号　邮编：150001
	电话：（0451）53642106　传真：（0451）53642143
	网址：www.lkcbs.cn　www.lkpub.cn
发　　行	全国新华书店
印　　刷	北京市通州兴龙印刷厂
开　　本	710 mm×1 000 mm　1/16
印　　张	14.5
字　　数	180 千字
版　　次	2015 年 10 月第 1 版　2015 年 10 月第 1 次印刷
书　　号	ISBN 978-7-5388-8460-9/Z・1259
定　　价	29.80 元

【版权所有，请勿翻印、转载】

前 言

幼儿性教育最关键

究竟该不该对孩子进行性教育？相信很多家长的答案都是肯定的。但是，该如何对孩子进行适当的性教育？该怎么向孩子开口谈论这个话题……又成了困扰家长很久的问题。

一般说来，孩子最初认识性是在2岁左右，此年龄的孩子自我意识增强，他们开始从性器官的不同知道自己的性别，也是从这时开始孩子们有了对性的好奇，这种好奇感可持续到8~9岁，并出现做与性有关的游戏及对性的探究行为。

孩子会对两性之间的事情表现出高度好奇并提出相关的问题，如"妈妈为什么不长胡子"、"男孩为什么站着尿尿"、"我是从哪里来的"等等，此时，家长就要尽可能地自然而然地回答，不要遮遮掩掩，避而不答。因为对孩子来说，性方面的问题和其他所有问题一样，都是他们认识客观世界和自我的一部分。如果父母故意回避，或者态度尴尬扭捏，就容易让孩子产生更多的疑问和好奇，反而会增加探索的兴趣。

现在，许多青少年由于性发育问题引起的心理障碍，成人期由于性知识缺乏而导致的性生活不和谐，以及与性问题有关的各种心理和身体疾患，大多数源于幼儿期。因此，从幼儿期开始，也就是说当孩子对性开始有意识时，就需要对孩子进行性教育。鲁迅先生早年就提出重视儿童早期性教育，他认为"知"比"无知"更有益。在这里需要指出的是，并不能把性教育简单地理解为性知识教育，它是一种生活教育、卫生教育、道德教育、责任教育，同时也是一种人格教育。

最后，由衷地希望每一位父母都能够善解童贞，正确解读孩子身体和心灵的密码，培养一个全面发展，并拥有性健康的孩子。

 目 录

第一章
到底说还是不说——儿童性教育别再"半遮面"

第一节 面对孩子的性好奇，父母容易走进哪些误区………002

　　错误的性教育观念根深蒂固　　　　　　　　002
　　性教育不仅仅是青春期教育　　　　　　　　003

第二节 坦然面对儿童性教育，做孩子的性启蒙老师………004

　　幼儿性教育宜早不宜迟　　　　　　　　　　004
　　儿童性教育需要遵循的原则　　　　　　　　006
　　性教育，回避不是最好的选择　　　　　　　008
　　儿童性教育，父母的责任有哪些　　　　　　010
　　单亲家庭更要注意孩子的性教育　　　　　　011
　　儿童性教育多大年龄最合适　　　　　　　　015
　　在抚养过程中让孩子自然地接受性教育　　　016

001

第三节 父母的困惑：孩子为何性早熟……017

什么是幼儿性早熟　　017
饮食不当容易导致儿童性早熟　　018
可导致儿童"性早熟"的食品　　019
乱补保健品可导致儿童性早熟　　020
光线太亮易导致儿童性早熟　　021
成人化妆品让宝宝性早熟　　022
环境污染催生儿童性早熟　　023
时尚"小大人"催生性早熟　　024
社会中性文化诱发儿童性早熟　　025

第四节 让孩子远离性早熟，家长与社会的责任……027

性早熟的危害不可小觑　　027
性早熟，父母如何早发现　　029
儿童性早熟应尽早防治　　030
性早熟的帽子别乱扣　　031
"晨勃"现象不属性早熟　　032

第二章
妈妈，我有好多问题想问你——儿童成长过程中的"性烦恼"

第一节 我究竟从哪里来……034

启蒙第一问，家长要坦诚　　034
轻松回应"我从哪里来"　　035

答案要符合孩子的认知水平　038
根据不同年龄给孩子不同的回答　039

第二节 从孩子口中冒出来的奇怪问题………041

我是怎么跑到妈妈肚子里的　041
我为什么没有小鸡鸡　042
为什么妈妈胸部比爸爸的大　044
为什么妈妈还用"尿不湿"呢　045
爸爸，你那里为什么鼓鼓的　048
妈妈，女孩为什么不能站着尿尿　049
为什么只有女人才能生小宝宝　050
妈妈，他们抱在一起做什么　052
爸爸的小鸡鸡那里为什么会长头发　053
这个气球（安全套）是做什么的　055

第三节 爸爸怎么没有穿衣服………057

父母和孩子能不能裸体相向　057
父母要与孩子一起洗个澡　060
究竟什么时候该停止与孩子共浴　061

第四节 孩子们喜欢玩的性游戏有哪些………062

宝宝玩入"洞房"游戏　062
"过家家"游戏有益交往能力　064
"亲亲游戏"，孩子情有独钟　066
孩子们玩的"生宝宝"游戏　067
性游戏中表现出来的"婚姻敏感期"　068
正确看待孩子之间的性游戏　071

孩子们眼中的爱情其实是这样的　　　　　　072

第三章
我是男生，你是女生——让孩子认识到男女有别

第一节 我是小小男子汉……………………………076

　　幼男性身份和性角色的特点　　　　　　076
　　幼男性欲和性心理的发育　　　　　　　077
　　幼男性心理发育特点。　　　　　　　　078

第二节 宝贝，你是个女孩子………………………079

　　我要和爸爸一起洗澡　　　　　　　　　079
　　女孩和男孩是不同的　　　　　　　　　080
　　女孩的生理特征　　　　　　　　　　　085
　　女孩的心理特征　　　　　　　　　　　088

第三节 "娘娘腔"、"假小子"，性别教育为何缺失………092

　　性别教育中，父母存在的误区　　　　　092
　　性别认同混乱，原因何在　　　　　　　094
　　异性装扮易导致孩子性别错位　　　　　096
　　孩子的性别认同过程　　　　　　　　　097
　　3岁是孩子性别意识的最佳时机　　　　099
　　让男孩正确完成性别认同　　　　　　　101
　　孩子的性别观需从小培养　　　　　　　103
　　注意孩子的性别认同障碍　　　　　　　105

性别错位的危害与矫治　　　　　　　　　106
"双性"教育让宝宝更出色　　　　　　　108

第四章
我在慢慢长大——探究儿童性发展的规律

第一节 孩子性心理发展的五个黄金期……………112

孩子的性发展阶段　　　　　　　　　　112

第二节 口欲期：任何东西都往嘴里塞……………114

宝宝最早的快感就来自口欲期　　　　　114
口欲期的宝宝不宜过早断奶　　　　　　115
给宝宝断奶的错误方法　　　　　　　　116
怎样给宝宝顺利断奶　　　　　　　　　117

第三节 肛欲期：总是拉个不停……………………118

让孩子顺利度过肛欲期　　　　　　　　118
解决孩子的尿床问题　　　　　　　　　121

第四节 性蕾期：喜欢炫耀自己的小鸡鸡…………124

宝宝性蕾期的性心理　　　　　　　　　124
性蕾期，如何对待孩子的性活动　　　　125

第五节 依恋期：到哪里都要带上小火车 ············127

孩子恋物因缺乏安全感　　　　　　　　　127
孩子恋物需要纠正吗　　　　　　　　　　129
帮孩子度过"恋父"、"恋母"期　　　　　132

第六节 潜隐期：对周围世界充满了好奇 ············137

用好奇的眼睛看周围的世界　　　　　　　137
性好奇是如何产生的　　　　　　　　　　138
性好奇会对孩子产生哪些影响　　　　　　139
如何处理孩子性好奇　　　　　　　　　　140

第七节 成长过程中，孩子各种各样的性活动 ············141

男宝宝爱摸妈妈的乳房　　　　　　　　　141
怎样帮孩子克服"恋乳"情结　　　　　　143
警惕宝宝的"夹腿综合征"　　　　　　　146
看到孩子画大人的性器官　　　　　　　　149
孩子喜欢偷看大人洗澡　　　　　　　　　152
面对孩子的偷窥，家长的疑问　　　　　　155
男孩喜欢撩女孩的小裙子　　　　　　　　158
对异性服装表示浓厚的兴趣　　　　　　　159
情不自禁就想摩擦他人的身体　　　　　　160

第五章
爸爸妈妈，请你们告诉我——关注孩子的生殖健康与保护

第一节 男生和女生那里怎么不一样……………………164

    告诉宝宝生殖器的正确称呼　　　　　　　164
    父母需要把握的5个原则　　　　　　　　165
    让他明白男孩和女孩有什么不同　　　　　168
    与孩子谈论性的好方法　　　　　　　　　168

第二节 妈妈要告诉女儿的悄悄话……………………169

    如何擦屁屁才不会感染　　　　　　　　　169
    每天都要清洗"小屁屁"　　　　　　　　170

第三节 爸爸要告诉儿子的悄悄话……………………171

    让宝贝了解关于小鸡鸡的那些事　　　　　171
    父亲示范，让儿子亲自动手清洗　　　　　173

第四节 别紧张，手淫是孩子正常的生理行为………174

    手淫，并非孩子天生"下流"　　　　　　174
    儿童手淫什么时候"结束"　　　　　　　175
    儿童手淫真正的危害在哪里　　　　　　　176
    如何戒掉经常手淫这个坏习惯　　　　　　177
    克服赖床，避免手淫　　　　　　　　　　179

干预孩子手淫的原则　　　　　　　　　　　180

第五节 孩子手淫，谁之过……………………………181

"工作"无法给孩子带来愉悦感　　　　　　181
人们对手淫消极的态度与评价　　　　　　182
家长经常逗弄孩子的敏感部位　　　　　　183
不良的卫生习惯导致手淫　　　　　　　　184
孩子的情感得不到满足　　　　　　　　　184

第六章
妈妈，我害怕——让孩子远离性侵害

第一节 宝贝，你要知道什么是性侵害……………………186

父母对儿童性侵犯的错误认识　　　　　　186
哪些行为属于对儿童性侵害　　　　　　　188
告诉你的孩子什么是性骚扰　　　　　　　188
性骚扰分为哪几种类型　　　　　　　　　189
与孩子谈论性骚扰，你准备好了吗　　　　191

第二节 日常生活中，对孩子存在的性侵害……………192

不小心看见爸爸妈妈亲热了　　　　　　　192
孩子大了，父母还在帮他洗澡　　　　　　196
父母任何一方责任的缺失　　　　　　　　197
"黄色污染"充斥在孩子周围　　　　　　199
色情影片、视频对孩子的性伤害　　　　　200

第三节 关注孩子心理，让伤害降到最小·················202

- 父母如何识别孩子遭遇性骚扰　　　　　202
- 幼儿性侵犯多数来自熟人　　　　　　　204
- 幼儿性侵犯源自熟人的原因　　　　　　205
- 性侵害发生后，父母该做的　　　　　　206

第四节 家有儿女，妈妈要教他怎样保护自己·············209

- 妈妈，叔叔亲了我的嘴　　　　　　　　209
- 教给孩子"性隐私"的概念　　　　　　211
- 给孩子创造一个安全的环境　　　　　　212
- 预防性侵犯的7大原则　　　　　　　　213
- 平时应如何教导孩子防范性侵犯　　　　214
- 教宝宝区分别人接触自己身体时的感受　215

他山之石——看看外国对儿童的性教育······216

到底说还是不说——儿童性教育别再"半遮面"

第一章

第一节 面对孩子的性好奇，父母容易走进哪些误区

 错误的性教育观念根深蒂固

所谓性教育观是对性教育的必要性、性教育的作用以及如何进行性教育等问题的看法。我们国家由于长期受传统封建思想的影响，在性教育观念上存在着误区，大致包括以下几种类型：坚持无师自通论、奉行无知盲从论和诱发论三方面。

⊙ **坚持无师自通论，是因为父母对儿童早期性教育重要性认识不足**

现实生活中，很多父母认为性教育无关紧要，特别是没必要在儿童进入青春期之前进行性教育，以后随着年龄的增长和知识的积累他们会自然学会基本的生理卫生常识，长大了可以无师自通或水到渠成。如果提前告诉他们，会形成强烈的性刺激，更加激发孩子们对性问题的好奇，所以索性采取置若罔闻、顺其自然的态度。

⊙ **奉行无知盲从论，是因为父母对儿童性教育的内容和方法把握不准**

生活中也有另一些父母遇到了孩子成长中出现的性问题，已经意识到性教育是亟待解决的问题，但是碍于大人的面子或架子，羞于与孩子进行交流与沟通，面对孩子的提问显得局促不安、手足无措。还有部分父母采用欺骗的手段，违背科学地编造故事搪塞了事，更有甚者不分青红皂白地训斥、打骂孩子，这样会使迷茫中的儿童更加不知所措。

到底说还是不说——儿童性教育别再"半遮面"  第一章

⊙ **诱发论**，即认为性教育会造成性刺激，性知识的传授反而会起到诱发儿童出现性心理早熟等问题

纵观世界各国的性教育情况，尽管由于社会文化背景的不同，各国开展性教育的内容、方法都有不同，但均取得了较好的效果。如性教育开展较早的瑞典，从幼儿园到高中有一套系统完整的性教育内容和体系，收到了很好的效果。这说明性教育非但不会诱发性问题，反而起到了扼制性犯罪的作用。同时，我们也应该看到：性教育与性刺激是有本质区别的。引用美国雷婉医师的话："性教育的文字与猥亵的文字是有着一大段距离的，猥亵的文字是诉诸情欲的故作不必要的动情描写。性教育的文字是诉诸理智的，是客观的、冷静的，只把你所必须知道的科学的事实告诉你。读了性教育的文字会使人沉静而清醒，知道应采取的态度和该走的方向。"

性教育不仅仅是青春期教育

有的人认为性教育就是青春期教育，性教育的对象只是进入青春发育期的青少年，这实际上是性教育对象上的误区。

美国"性信息和性教育"理事会主席玛丽·考尔德博士认为：对于性教育，可能特别紧要而有效的时期是14岁之前，尤其是5岁之前，这一时期所接受的有关"性"的培养和教育，无疑地将决定儿童、少年以至此后一生有关"性"的种种方面。成人性变态中的"异性癖"、"同性恋"患者，实质上是不能正确地认同自己的性别。个体在生物学上的"性"，与其在心理学上的"性别"和社会学上的"性别角色"未必总保持一致，只有个体把自己看做男人或女人，同时其行为举止都符合自身的"性别身份"，才是性别认同。"异性癖"、"同性恋"者在性别认同中出现反常现象，表现为性别角色紊乱

或性别角色倒错,往往是患者在童年的生活过程中,由父母及其他人对他们的不良教养态度、方式及期望造成的。

因此,对青少年的性教育从儿童早期就应该开始,从婴幼儿、童年一直到青少年,都该围绕着达到对"性别"的生物性和社会性的认识,形成正确的性别角色以及青春期的性适应等教育目标,针对不同年龄阶段的儿童开展不同内容的性教育。

 第二节 坦然面对儿童性教育,做孩子的性启蒙老师

 幼儿性教育宜早不宜迟

让我们先看看,在孩子的性教育问题上,你的观念如何。请对以下问题回答"是"或"否"。

1.你认为孩子不必了解性知识,长大了自然会明白,因为你和你的长辈都是这样长大的。

2.你认为孩子不问有关性的知识证明他对此什么都不懂,也不关心,说明他很纯洁。

3.你认为让孩子了解性知识很重要,但很难给孩子讲清楚,而且会让你感觉难为情,能回避就回避。

到底说还是不说——儿童性教育别再"半遮面" 第一章

4.你认为性教育最好让专业的老师去讲，父母讲不好也不好讲。

你的答案"是"与"否"哪个多一些？"否"多，说明对于性教育，你有比较好的心态和清醒的认识；"是"多，则说明你在这个问题上顾虑颇多。

曾经有一段时间大学里流传过这样一则笑话：

有位读硕士的男生，某日跑到小卖部，买了一包卫生巾，堂而皇之地拎着走在校园里。他买的时候同学就困惑——没见他谈女朋友呀？就算是给女朋友买，也不必如此招摇。实在难掩好奇，问他买此物何用，得到的回答居然是："我自己用呀！"他以为这只是一种更高级的卫生纸呢！二十出头的大小伙子，竟不知卫生巾的用途，虽然他刚上大一就学过"人体解剖生理学"这门课，而且期末考试的论述题就是"月经的产生原理"！

回过头来再看这则笑话，尽管有点夸张，却也表明了人们对性知识的缺乏。通过这则笑话，我们就总结出，性知识与生理卫生学有着本质的区别。对于孩子来说，有些知识可以来自书本和课堂，有些知识的来源却更侧重于生活经验和成人的讲解。即使长大了、知道了，也是学习而知，但还是不明就里；而现在这个时代，已经不像我们小时候那样保守封闭，孩子通过其他途径获得的性知识，有可能对性生理、心理发展起到误导作用，所以对孩子的性教育，还是由父母从小进行更可靠。

对于性知识总是感觉难以启齿的父母，大多认为性教育至少可以拖到青春期再进行——在性方面出问题，都得到那时候。为什么一定要到出问题的临界点才着急？为什么非要做亡羊补牢的事呢？

青少年出现性问题，很多是因为性无知和混乱的性评价而产生的，这与童年的性教育是否科学不无关系，与正确的性别角色体验和最初的性心理发育紧密联系，可以说，小时候生活中发展的性生理和性心理是青少年性发育的基础，因此，科学的性教育应从婴幼儿做起。

如果父母从小对孩子的性问题或相关行为给予适当反应,在潜移默化中进行,这无疑是给了孩子一个暗示:一旦有了性方面的问题,不需要通过别的途径去了解,父母会给他提供可靠而科学的信息。

儿童性教育需要遵循的原则

在对儿童进行性教育的时候,需要遵循以下原则:

⊙ 家庭是最佳教室

在家里进行性教育是最为合适的。无论大人还是孩子,在家里都是最为放松的,因此进行性教育就少了很多压力。家庭成员的言行举止对宝宝有潜移默化的教育效果,当孩子看见爸爸妈妈总是很亲近、很甜蜜、相互分享喜怒哀乐时,就能从他们的体贴与关怀中体验到两性的和谐互动,这就达到了性教育的效果。根本不需要刻意说教,就在平时的耳濡目染中,宝宝就能学习到与异性相处的正确态度。

请注意,如果家庭中总是充满语言与动作暴力现象,那么孩子就会长期处于一种紧张与害怕的情绪中,同时也会获得不正确的两性印象,认为性别就是不平等的,是充满冲突和暴力的,自然就难以知道如何与异性相处。在这种家庭环境中长大的孩子,日后要建立正确的两性观念是相当困难的。

当然,即便父母整天争吵打斗,估计他们对孩子的爱都是一样的,还是可以通过其他方式进行性教育的。但是,无论再怎么努力去"教",只要孩子身处家人相互责备、不满、两性关系不和谐的家庭中,那么对他的成长来说都是一种遗憾。

⊙ 顺其自然地进行教育

在与孩子谈论"性"的时候,不要有太多的神秘色彩,否则大人本身都

到底说还是不说——儿童性教育别再"半遮面" 第一章

无法坦然面对"性",再加上知识不足、难以找到有效方式等原因,要和宝宝谈论"性"就感觉更加困难。但是,父母总是羞于启齿、含糊搪塞或一味训斥也不好,反而会使宝宝产生种种奇怪联想,严重者还会造成日后的性压抑或性苦闷。

孩子对身体产生好奇是一种自然反应,大人无需以有色眼光去看待,不妨坦率自然地回答孩子提出的疑惑。当孩子有性的问题时,就以他所能够理解的语言来直接回答问题,不要扭扭捏捏,也不需要转移话题或含糊其辞。早期压抑宝宝对身体探索的欲望,会使他日后一提到性就感觉别扭,总是顾左右而言他,或是一味排斥、鄙视甚至忽视,这对正常的心理发展都是很不利的。

⊙ **正确地回答儿童提出的有关性问题**

儿童对自然界的一切都感到新奇,求知欲也十分旺盛。看到任何不理解的事情都喜欢提问为什么、怎么回事。对性的问题也不例外,我们应当把它看做是对儿童进行性教育的好机会。当儿童提问"我是怎样来的"、"我是从哪儿生的"之类的问题时,有的家长采取的做法很不好,一是骗、二是打、三是怒斥恐吓,这就使孩子减少了对父母的信任和尊重,使孩子在性问题上说假话,产生神秘感。正确的做法应该是不主动去问、不主动去讲,有问必答、不说谎,根据孩子的理解能力简略真实地回答。

⊙ **用正确名称谈论身体**

正确的性教育,就是让孩子认识自己的身体、感受身体的美好,而不是什么隐晦肮脏的东西。只有从小对身体有了正确的认识,才不会做出不礼貌的行为来,比如拿异性的生理特征开玩笑、游戏式地抚摸其他人的生殖器等。其实,孩子的可塑性很高,在很多时候,接受过度社会洗礼的大人反而要向孩子学习,学习如何去坦然看待性,进而不避讳谈论性器官。

在洗澡的时候,可以很自然地带孩子认识身体的器官,清楚讲解每一个器官的功能,说出"阴茎、阴道"就像说"鼻子、嘴巴"一样自然,因为它们都是身体的一部分。大人在谈论性的时候越自然,对孩子的教育效果就越好。

⊙ 尊重孩子的感情

性教育实际是父母与孩子之间心灵相互接触的教育，是孩子接受教化的过程，如果你不尊重孩子的感情，你就关闭了交流感情的闸门。

90%的孩子在6～12岁间会有很亲密的异性伙伴，这种"小情人"并不牵扯到性，但却是日后恋爱生活的预演。因而我们首先要承认孩子的这种情感是美好的、圣洁的，是孩子纯真性格的体现。父母不能用成年人的观念去无端干扰，横加指责。

性教育，回避不是最好的选择

视"性"有如洪水猛兽，不让孩子接受性教育，这是中国父母常犯的一个错误。

而实际上，性教育是孩子的必修课，为什么要这样说呢？如果你有孩子，特别是当孩子长大一些，你会发现很多跟孩子有关的性信息就来了，这个问题会让父母感到特别困惑，因为父母不知道该怎么回答。

比如孩子常问的一个问题"妈妈，我是怎么来的？你怎么生的我？"，妈妈就会很难回答。甚至孩子还会问更复杂的问题，父母更不知道该怎么回答。因为中国的父母大部分都没有受过正规的性教育，不知道该如何面对这些问题，但是你又不得不面对。所以，对孩子进行性教育，是很有必要的。

可悲的是，在我国，受传统道德观念的影响，一般家庭里父母们在孩子面前几乎很少谈到性，总感觉在孩子面前谈性实在是难以启齿。本来有着非常好的性教育机会，因为难以启齿，回避对孩子说起性话题，而白白地丢失了很好的教育机会。

到底说还是不说——儿童性教育别再"半遮面" 第一章

小航是个聪明听话的孩子,已经上幼儿园大班了。各方面的表现都不错,唯独有一个坏习惯,让他的父母一直苦恼不已。

那就是在幼儿园午休时,老师发现他总喜欢趴着,两脚夹紧不停地挤压"小鸡鸡"。于是,老师就把情况告诉了他的妈妈,让妈妈注意一下。妈妈通过观察,发现小航总是趁大人不注意时或睡觉时有此动作。思想传统的父母觉得这件事非同小可,必须让孩子改掉这个坏习惯。

于是,她要求幼儿园和家庭合作,共同帮助孩子。在幼儿园,生活老师让他把双手放在头上仰着睡;在家里,妈妈编了一个又一个故事,每个故事都带有恐吓的味道,或者对孩子进行物质诱惑等等,只要能想到的方法都用上了。可是事与愿违,孩子非但没有改,反而变本加厉。殊不知妈妈的一言一行,无意中已经伤害了孩子。孩子觉得他这种行为既恶劣又羞耻,但又无法改正。孩子变得越来越敏感了……

小航父母的这种做法真是不可取!现在的孩子普遍早熟,身体发育大大提前,他们需要更多的渠道了解性知识,但是,现实是父母和学校都在回避性教育,加之一些文艺作品、影视剧等对性知识作了大量片面或扭曲的传播,容易促成孩子们的好奇和冲动。他们有了好奇想要了解性知识时,起关键作用的是父母,如果父母回避,他们会利用一切途径获取性知识,这时候就可能会出现一些问题,因为孩子们接受性教育知识的渠道太少且不正规。既然正常渠道不行,他们就会"另辟蹊径"去尝试一些非法渠道,会去搜集黄色书籍、黄色光碟、浏览黄色网站等等。这些会对孩子产生非常恶劣的影响,对性的认识产生偏差,进而影响到身体和生理的健康发育,造成非常严重的后果。

妈妈说给孩子的悄悄话

儿童性教育，父母的责任有哪些

到底该如何对孩子进行性教育，很多家长表示无从下手。对此，有关专家提醒，对孩子进行教育，无须长篇大论小题大做，善于利用日常生活中的机会效果会更好。

⊙ 电视机前

如果你觉得很难在生活中找到恰当的时机和孩子谈"性"，那就错了。生活中有太多的线索，关于男女、关于性、关于差异。电视节目就是一个例子，不论是新闻、卡通、综艺节目甚至是孩子喜欢的偶像剧，都时常见到有关男孩女孩、生理健康、亲密性话题的穿插，有些是正面的、有些是负面的。此时，爸妈可以用轻松、幽默的口吻，提供给孩子适当的性知识。无须长篇大论、小题大做，别忘了，你们还在欣赏节目呢。就一个小小的要点，提醒纠正错误的信息、延伸重要的概念或是生活情境的联结，除了事实的提供，也可以增加孩子对这些内容进行自我判断的机会。

⊙ 阅读、对话

目前许多关于两性关系、性教育的书籍，不适合学龄儿童阅读；事实上，大一点的孩子，十分容易在书店翻阅更多包含性话题的小说、漫画，而其中的品质良莠不齐，很难加以过滤。建议爸爸妈妈陪伴孩子一同找寻好书，然后结伴阅读、观察、思索，获得较为正确的知识。当孩子进一步有了兴趣、有了疑惑，主动提问题或引起对话时，就是最好的讨论时机。你可以在孩子的发问中知道他的主要疑问是什么、从何而来，以及他所理解的程度。同时，就阅读内容或话题加以讨论，也不会太过尴尬。不过，提醒爸妈

到底说还是不说——儿童性教育别再"半遮面"  第一章

要记得先耐心、仔细听听孩子的话。

⊙ **引导孩子欣赏自己长大，建立自信**

学龄前孩子的身体发育会让他渐渐地开始注意到自己的外表、自己的特质，是不是受到大家的喜欢。尤其这个阶段的孩子，通常会形成很强烈稳固的性别刻板印象，"别的女生都……""男生就是要……"这样的想法，也就成为一个自我评价的重要指标。但是，发育过程中，重要的是营养充足、身心健康、发展学习各种技能潜力，同时建立正面的自我独立性以及认同感。建议爸妈尽量避免阻止孩子谈论身体，也不可用性别指标来赞美或批评孩子。相反的，可以在许多生活小节中鼓励孩子，引导他看见自己的发展、观察自己的进步、欣喜自己的成长，真正地尊重、欣赏自己和别人，才能让孩子感受到自己的价值，建立自信心。

单亲家庭更要注意孩子的性教育

由于离婚、丧偶及未婚生育等种种原因，有的孩子只能与父母中的一方共同生活，这样的家庭叫单亲家庭。生活于单亲家庭中的孩子更需要来自于身边亲人的关心和指导，其中，性教育是不可缺少的内容之一。但是，由于单亲家庭中缺少了父亲或母亲，这样，对于孩子的性教育就会产生或多或少的困难和影响。

健全家庭和单亲家庭中的孩子是有差别的。对于健全家庭的孩子来讲，他们从小就可以从自己的父母亲那里得到自己性别角色的认同对象，并在与异性家长的关系中打下人际关系的基础，在潜移默化中逐渐形成恰当的性别角色。但如果孩子生活在缺少父亲或母亲的环境中，会使孩子在性别角色确认的环节上出现困难和混淆，男孩子表现得像女孩，而女孩则表现得像男

孩。另外，单亲家庭中的孩子在性格上多表现得不合群，他们往往敏感、多疑、胆怯、自卑、心胸狭窄、依赖性强等，这当然会影响到孩子后期的发展以及未来的生活。

面对这些，如何对单亲家庭的孩子实施性教育呢？如何使单亲家庭的孩子健康成长呢？除了学校和社会的关心之外，家长，无论父亲还是母亲，都应积极承担教育孩子的义务。让孩子能够像正常家庭的孩子一样，感受到一份来自于家庭的温暖和关爱。单亲家庭的父母亲实施性教育应特别注意以下几点：

⊙ **提供一个安全稳定的环境**

安全稳定的家庭环境对于孩子的健康成长非常重要。孩子的幸福感最初就源自于安全稳定的家庭环境，而家庭一旦分裂，孩子的情感天平就会发生一定的倾斜，进而影响到孩子的成长。所以，父母双方应该尽力维持家庭的原有平衡，使孩子明白一个问题：父母分开是大人的事，并不会影响到他，父母双方分开后对他的爱和关心还像以前那样，是永远不会变的。而且，父母双方必须保证有一定的时间与孩子相处，这样可以避免孩子对于婚姻和家庭产生一种厌恶感。

⊙ **不可忽视对孩子的性别教育**

我们知道，父母双方的教育对孩子的发展都是必不可少的。只有母亲的阴柔或只有父亲的阳刚都会使孩子的生活有所欠缺。尤其在家长与孩子性别不同的单亲家庭中这种欠缺更为明显。男孩在成长中需要父亲作为男子汉的榜样，女孩在成长中也需要母亲作为女性的典范。而在母子、父女的家庭中，孩子就没有了和自己相同性别的家长作为榜样以确立自己的性别角色。正因为如此，在西方某些国家判决离婚案时，往往倾向于将孩子判给相同性别的家长抚养，以利于儿童的健康成长。

对于单亲家庭的这种欠缺也不是不能弥补。家长可以有意扩大孩子的交往面，让孩子和一位或几位相同性别的长辈建立起比较亲密的关系。比如在父女家庭中，父亲可以让女儿和她的姑姑婶婶或邻里、单位里某位爱孩子的

女士多交往；而在母子家庭中，母亲也可以帮孩子和某位坚强的男士建立感情，使孩子心目中有个男子汉的榜样。

⊙ **创造合适的交际环境**

单亲家庭中，由于缺少了父亲或母亲，孩子平时的交往也就会缺少了应有的一片天地，这不利于孩子的成长。单亲的父亲或母亲要尽可能地给孩子补上这个缺失；一方面多安排孩子与所缺的一方联系见面，另一方面，劝孩子多与其他男女同伴一起玩，增加交流，以此弥补孩子性别上的缺陷。

⊙ **爱要适度**

单亲家庭里的孩子易走向偏激。父母中养育孩子的一方往往会将孩子看做是自己生活中的唯一寄托，尤其是母亲，她们在经过痛苦的婚姻分裂后，会将全部的爱和感情都投注于孩子身上，甚至形成畸形的爱。一些单身母亲过分疼爱孩子，从孩子婴幼儿时期就给予孩子过多的关爱，不让孩子单独去睡，怕孩子照顾不好自己，害怕孤独，所以让孩子和自己同床，这使得孩子习惯于依赖母亲而不愿意独立生活。在此，专家建议，如果是男孩子，单身母亲应该在适当的年龄，五岁或者六岁，分床而睡，否则对男孩的性格形成和身体发育都会产生不好的影响，儿子会分不清母爱和情爱，从而对其以后的生活产生坏的影响。

⊙ **灌输正确而健全的性态度和婚姻观**

单亲家庭近年来不断增加，单亲家庭的孩子是儿童心理疾患的高发群体。

六岁的丽丽见到书上有男人的形象，不是用笔狠狠地划上叉，就是用剪刀将其剪碎。原来丽丽的父母离异前父亲经常打母亲，丽丽判给母亲后，母亲又经常在丽丽面前骂其父亲以及其他男人，久而久之丽丽对男性充满敌意。

单身的父亲或母亲，由于自己经历了婚姻的失败或性经历的创伤，他们会对两性之间的交往及婚姻持有否定的态度，这种态度会影响到孩子，使孩子在不知不觉中形成一种对婚姻的否定和对父母中其中一方的厌恶和仇视心理。一些不重视孩子教育的母亲会以自己的亲身经历告诫孩子，例如，有的离异母亲经常会告诉自己的孩子："男人没有一个好东西"、"婚姻只会使自己受罪"、"不要轻易相信男人说的话"；相反，有的离异父亲也可能经常会告诉自己的孩子："女人没有一个好东西"、"女人都是骗子"等。孩子没有分辨是非的能力，他们可能就会相信了大人说的话，认同了大人的观点，在平常的生活中依据这种观点来看待和处理自己所遇到的一切事情。久而久之，就会形成心理偏差，进而对自己以后的婚姻生活产生巨大的不良影响。

对于单亲家庭来讲，客观上的不利环境已经形成，成为无法改变的既成事实，孩子情感天平出现的不平衡也已存在，那么，要让孩子在以后的道路上健康成长，单身父母就得注意多为孩子创造良好的氛围，以理智的头脑和不同于一般的方法来教育孩子，在性教育方面尤其要注意。用智慧和自身的人格力量去对单亲家庭的孩子做潜移默化的感染，这不是一件轻而易举的事情，单身父母绝不可以忽视，要给予极大的重视。随着社会的发展、观念的转变，离婚现象越来越得到公众的理解，但不管怎么说，父母离婚对于孩子来讲还是影响巨大的，孩子是婚姻破裂的最大受害者。因此，专家提醒亲生父母一定要重视孩子的教育，给孩子的性教育给予足够的关注，尽自己最大的努力降低婚姻破裂给孩子带来的负面影响，让自己的孩子能够像正常家庭中的孩子一样，得到足够的爱与关注，让孩子在一个相对温馨的环境里健康快乐地成长。

总而言之，只要教育方式得当，单亲家庭的孩子一样健康成长，一样会对婚姻、爱情、异性等有一个正确的认识。

第一章 到底说还是不说——儿童性教育别再"半遮面"

儿童性教育多大年龄最合适

"妈妈,男人和女人有什么区别?""我要过几年才算是个男人?"

对今年才6岁的小军来说,很多"为什么"萦绕在他的脑海,特别是一些男女性别问题,他总想弄个明白。他的妈妈为了彻底解答儿子的问题,在自己洗澡时,把儿子叫进浴室,对儿子进行"现身"说法。为此,孩子的爸爸汪先生感到不可思议,夫妻俩还吵了一架。

"我认为,孩子的心灵是一张白纸,过早地让他知道男女性别上的事,对孩子的成长并不好。"汪先生满脸的苦相。

家长在对孩子进行正确的健康性教育时,性教育专家认为下面几方面的内容要注意:

⊙ **合适的年龄**

从理论上讲,男女的性别差异,特别是第一性征,在孩子青春发育之前解答没有问题,就目前社会文化的现状看,对于男女第一性征的差异,最好在5岁之前解答。性教育要相对超前一些,但不能脱离孩子的理解能力。

⊙ **合适的方法**

在孩子5岁之前,可以用父母的身体说话,但是5岁以后,采用图书、音像资料及其他方法比较合适。

⊙ **合适的内容**

孩子的性教育,每个年龄段的内容应该有所侧重。5岁前应该解决性别知识等简单的问题。青春期发育前,要进行性生理的教育;青春期发育时,要

进行性心理和性道德的教育。

总之，对孩子进行性教育要坚持自然、合适的原则，不能刻意为之，也不能用成人的眼光来看待孩子的问题。

在抚养过程中让孩子自然地接受性教育

孩子一出生，就用自己的感官体验周遭世界。通过拥抱、抚触，感知自己的身体被照顾、被接纳。而作为成人，在照顾孩子的过程中可以通过爱的表达，帮助孩子形成良好的身体意识。

喂奶：母乳喂养对密切亲子感情当然最好，即使是人工喂养，也要在喂的过程中，和孩子目光交流，说话，抚摸，沟通，让孩子从中体会到自己被关爱。

换尿片：换尿片是亲子交流的一个重要时机。如果仅仅是匆匆忙忙地换过了事，甚至皱着眉头、一脸厌恶的表情，婴儿就会接收到这样的信息："我的身体是不可爱的。"相反，如果能够在此时和孩子沟通、交流，能够面带微笑，孩子就会对自己的身体也有正面的认识。

洗澡：洗澡时的身体接触是沟通亲子情感的好机会。在洗澡时对孩子的关爱、欣赏的态度，会潜移默化地影响到孩子的身体意识。随着孩子的长大，会逐渐对自己的身体发生兴趣，根据孩子的理解能力，在洗澡时可以自然而然教给孩子身体各个部位的名称和功能。

抚触：近年来婴儿抚触得到了越来越多的重视。抚触不仅有助于孩子的身体健康，也特别有助于孩子心理健康。"好的触摸"可以让孩子有更多的好的体验，对身体接触有更多正面的记忆。

大小便训练：在大小便训练期间，幼儿往往会发生"事故"，如果成人

失去耐心,对孩子大吵大嚷,会让孩子对自己的身体产生负面的感觉。父母如果能够采取宽容、耐心的态度则有助于孩子形成健康的身体意识。

从孩子出生开始,让他感到自己的身体被爱、被欣赏、被接纳,这是父母能做到的。

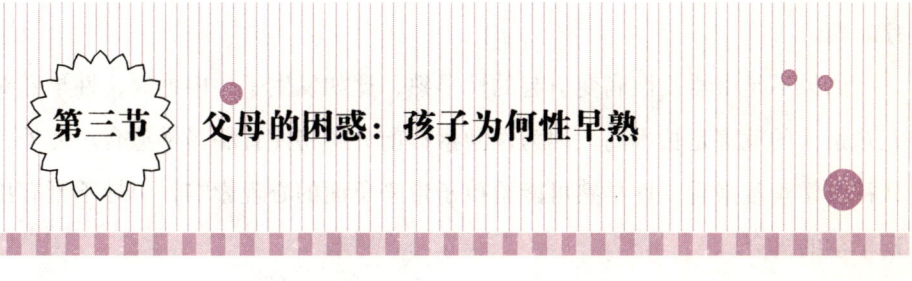

第三节 父母的困惑:孩子为何性早熟

⭐ 什么是幼儿性早熟

娇娇刚满5岁,还是幼儿园大班的孩子,既淘气又幼稚。可是最近,妈妈发现她的胸脯日益隆起,还老嚷着胸脯疼痛,下身也像来月经一样出现了流血现象。妈妈满腹疑虑,赶忙带她来到医院看病。医生详细地询问了娇娇的病情,做了初步的诊断,娇娇患了性早熟。

现在,性早熟儿童屡见报道,性早熟儿童真的很多吗?目前,青春期提前是世界性的趋势,由于社会环境的影响和生活水平的提高,孩子的性发育普遍提前,性早熟的发病率也显著增多,已经成为小儿常见的疾病之一,而女孩发生性早熟又较男孩多4～5倍。那么,什么是性早熟呢?医学专家认为,女孩8岁以前,男孩9岁以前,出现与年龄不相应的第二性征,如周期性

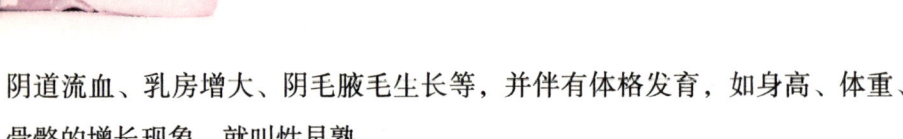

阴道流血、乳房增大、阴毛腋毛生长等，并伴有体格发育，如身高、体重、骨骼的增长现象，就叫性早熟。

孩子的性发育大人是能够从外观上看出来的，例如，如果一个女孩6岁上学，到三年级，即9岁时就有月经来潮，这说明她肯定在8岁之前就已经开始性发育了。这个间隔一般在2～3年，当然，因为每个人的情况是不同的，所以不能用一个标准来衡量。快的间隔一年多，慢的间隔四年。因此，如果孩子性征出现得早，孩子身材又比较矮，应该及时就诊，否则就耽误了最佳治疗时期。

如果不是由器质性病变引起的性早熟，比如发生了颅内肿瘤，性早熟对儿童最大的危害是长不高，因为性激素提前分泌将使骨骺提早愈合。另外，从社会学角度来看，性早熟可能给孩子带来负面的心理影响，引导不当有出现早孕的机会。

女孩乳房发育比较容易发现，因为乳房发育有疼痛感，容易表述。男孩外生殖器变化容易被忽视，往往是有了小胡子，声音变了才被发觉，而实际上在此之前睾丸已经发育。父亲一般比较粗心，母亲对女孩比较注意，却很少在意男孩。男孩虽然发病率没有女孩高，但发生肿瘤的概率比女孩大，家长尤其不能掉以轻心。

对已经发生性早熟的孩子要特别做好心理疏导，因为年龄太小，容易产生精神压力，所以更应该引起家长的关注。

饮食不当容易导致儿童性早熟

楠楠今年6岁，在幼儿园的例行体检中，医生发现这个长得胖乎乎的女孩双乳下面有硬块，老师打电话让楠楠妈带她去看儿童医院的"性早熟门

诊"。在医院拍了片子，发现她的骨龄已有8周岁，医生建议打一种延缓发育的进口针，每月一针，直到楠楠满9岁。"否则楠楠有可能长不到1.5米，而且身体发育会远远超过心理发育，这会对她的心理产生很多消极影响。"

晚饭桌上，楠楠妈与楠楠爸互相指责对方是导致楠楠"性早熟"的"罪魁祸首"——

楠楠妈受指责的理由是：整天带着楠楠看男欢女爱的电视连续剧，使她受到超前的"情爱启蒙"；经常给楠楠吃炸鸡汉堡、炖鸽子汤。

楠楠爸受指责的理由是：溺爱女儿，专买反季节水果给孩子吃，什么冬天的草莓、葡萄，春末的橙子和桃；说黄段子从来不避女儿；还有整天带着女儿去啃鸭颈……

专家认为，导致儿童"性早熟"的缘由主要有两个：其一是视听产品中"儿童不宜"的情爱镜头，以及整个社会的"泛情爱化"资讯；其二是不当的喂养方式。

前一点全靠父母有意识地切断这种视听传播途径，为孩子制造一个相对纯净的儿童情感空间。后一点则是本文主要探讨的内容。

可导致儿童"性早熟"的食品

⊙ **早熟动物、禽肉，特别是禽颈**

现今市场上出售的家禽，绝大部分是吃拌有快速生长剂的饲料喂养的，禽肉中"促熟剂"残余主要集中在家禽头颈部分的腺体中，由此，吃鸭颈、鹅颈，就成为"促早熟"的高危行为。

⊙ 反季节蔬菜和水果

冬季的草莓、葡萄、西瓜、西红柿等,春末提前上市的梨、苹果、橙和桃,几乎都是在"促生长剂"的帮助下才反季或提早成熟的,一定要避免给10岁以下的儿童食用。

⊙ 油炸类食品,特别是炸鸡、炸薯条和炸薯片

过高的热量会在儿童体内转变为多余的脂肪,引发内分泌紊乱,导致性早熟;而且,食用油经反复加热使用后,高温使其氧化变性,也是引发"性早熟"的原因之一。每周光顾洋快餐两次以上,并经常食用油炸类膨化食品的儿童,"性早熟"的可能性是普通儿童的2.5倍。

乱补保健品可导致儿童性早熟

做父母的都希望让孩子长得高一些、壮一些,尤其担心自己家的小宝宝输在起跑线上,所以吃得越来越精细,补得越来越高级,把一些保健品一股脑儿地全用到了孩子身上。殊不知,给孩子滥用保健品,可能会导致幼儿性早熟。

⊙ 可入药的大补类食品

包括冬虫夏草、人参、桂圆干、荔枝干、黄芪、沙参等。尤其广东人,喜以药膳煲汤。中医指出,越是大补类的药膳,越会改变孩子正常的内分泌环境,造成身心发展的不平衡。

⊙ 声称能使孩子"更高更壮"的儿童口服液

针对儿童市场的补剂和口服液,相当部分含有激素成分。这些激素使孩子在五六岁时长得比同龄儿童高大壮实,因为,他或她可能已悄悄出现发育势头,骨龄已达8岁或10岁。而等孩子进入正常发育阶段时,反而不见长了。

到底说还是不说——儿童性教育别再"半遮面" 第一章

专家指出,性早熟的儿童,进入青春期后身高将比同龄伙伴矮10~15厘米。

⊙ 补锌或蛋白粉等过量

活泼可爱的玲玲,今年5岁半,妈妈给她洗澡时发现她的小乳房已经鼓起来了,还有小硬块。后经检查,原来玲玲妈妈长期服用某种补血口服液,每次给自己服用的同时也不忘给心爱的女儿一支。

这种例子在临床上并不少见,其实,很多儿童性早熟都是吃出来的。有些营养品中的促性腺素含量较高,对正在发育的孩子,比如6~8岁的女孩、7~10岁的男孩,长期大量服用,容易诱发性早熟,因此,做父母的千万不要给孩子乱吃补品。专家提醒家长,健康的儿童只要正常饮食,经常参加锻炼就能获得良好的生长发育。

光线太亮易导致儿童性早熟

强烈的照明灯光、长时间的电视、电脑显示屏光可能导致儿童性早熟,这种说法听上去好似天方夜谭,却已被医学专家们所承认:光照过度是儿童性早熟的重要原因之一。

专家解释说,这是由人体内松果体分泌的褪黑激素引起的,褪黑激素能抑制腺垂体促性腺激素的释放,可以防止性早熟。当人在夜间进入睡眠状态时,松果体会分泌大量的褪黑激素,天亮时便停止分泌。人类的松果体一般在儿童中期发育至高峰,抑制性腺的过早发育;但从7~10岁起,松果体开始逐渐退化,性功能随之慢慢增强。儿童若受过多的光线照射,会通过减少松果体褪黑激素的分泌,导致性早熟或生殖器过度发育。

专家认为，这种过度光照，既可来自阳光，也可来自灯光，尤其是人造灯光的广泛应用。其中非自然光的作用更大，如强照明光、长时间的电视、电脑显示屏光、高楼大厦的强装饰光等。现在许多小学生的课外作业任务繁重，家长怕孩子学习时伤眼睛，就给他们用瓦数很高的灯照明，其实，灯光并不是越亮越好，应以不刺眼、眼睛感到舒适为佳。专家认为，在书房内，根据视物距离30~100厘米，可选择15~60瓦的白炽灯；视物距离55~150厘米，可选择8~40瓦的日光灯。这里还需要补充说明的是，导致儿童性早熟的因素很复杂，相对于食品中的农药、激素污染、洋快餐、烧烤、盲目进补、滥用化妆品来说，光线影响只是其中一部分原因。除了注意照明问题，家长还应少让孩子吃牛羊肉、蚕蛹等，不要盲目给他们食用蜂王浆、花粉制剂等"补药"。

成人化妆品让宝宝性早熟

儿童的皮肤幼嫩，对外界的刺激非常敏感，因此若使用成人化妆品不但会出现皮肤过敏现象，长期使用还可导致儿童性早熟现象发生。因此儿童应使用儿童专用化妆品。

⊙ 儿童专用化妆品需具备3个特性

稀：儿童护肤品与成人护肤品不一样，儿童护肤品包括浴液、香波都比成人产品要稀，因为儿童护肤品的乳液含水量很高，如果儿童的产品涂上之后感觉很厚，就是不对的。因此，很稠的儿童化妆品，绝对不能买。

泡沫少：儿童护肤品泡沫越多越不好，因为泡沫全部是有刺激的，会让宝宝非常不舒服。好的婴儿护肤品虽然稀稀的，但是有一定的粘黏度，泡沫不是很多。

洗后滑：清洗过后，摸上去感觉还是滑滑的，好像没有洗，实际已经起到作用了。

⊙ 儿童化妆品，宁愿不用也别乱用

1.选用婴幼儿不容易开或弄破包装的化妆品，以防摄入或吸入。

2.由于婴幼儿护理品每次用量较少，一件产品往往要用相当长的时间才能用完，因此产品稳定性要好，购买时除注意保质期外，还应尽量购买小包装产品。

3.避免购买和使用有着色剂、珠光剂的产品，同时婴幼儿化妆品应尽量少加或不加香精，因配制香精用的有些原料往往对皮肤有刺激。

4.如果在孩子使用化妆品的过程中发现孩子的眼睛充血、流泪，一定要停止使用，不管是什么牌子、包装上怎么写的。

环境污染催生儿童性早熟

随着工业化的发展，大量的化学物质通过废水、废气、废渣、农药等多种途径排放到环境中，造成了严重的环境污染，而针对环境污染的治理措施还远远跟不上废弃物的排放，致使我们目前的生存环境中存在着大量危害人类健康的致病因素。

近年来，国外大量文献报告显示：洗涤剂、农药及塑料工业等向环境排放的物质及其降解产物能够产生一系列环境内分泌干扰物，它们往往同时具有拟雌激素作用和抗雄激素作用的双重活性，这不仅可引起男性生殖系统的损害及功能异常，如导致精子畸形率升高、精液量和精子数减少、精子活动度降低、睾丸和附睾萎缩等，而且也可引起女性生殖系统的损害及功能异常，如性分化异常、性发育提前、子宫内膜异位、乳腺癌及卵巢癌的发病率

增加。

对处于发育阶段的个体，如胚胎期、新生儿及青春发育期，他们对环境内分泌干扰物的敏感性很高，只要摄入很低的剂量，就可能导致内分泌系统和生殖器官功能的持久损害。目前已有研究显示，环境内分泌干扰物是儿童性早熟重要的致病因素之一。

时尚"小大人"催生性早熟

"现在的'小大人'真是越来越多了。""听着几岁大的孩子嘴里蹦出几十岁的人才能说出的话，真不知该怎么对付这些'小大人'"……生活中我们经常可以听到成人说起这些感慨和困惑。儿童心理专家也担忧，儿童过早的时尚化、成人化行为或将导致性早熟、社会人格障碍等疾病。

⊙ 家有"小大人"：是谁绑架了孩子的童真

"我家孩子经常抱着ipad玩'切西瓜'，会不会影响眼睛视力？"数据显示，近年来儿童近视眼的年增长率达10%。在各种电子产品的视觉影响下，前来就诊"时尚病"的小患者越来越多，近视发生年龄比过去提早了3岁多。

另一方面，从事媒体工作的殷先生也忧心："我家3岁娃娃张嘴唱出的是《无心睡眠》、《可惜不是你》。虽然家人不觉不妥，反是捧腹大笑或夸其能干，但仔细想想，这又会给孩子造成怎样的影响？"

专家认为，"小大人"过早沉迷爱情剧、情歌的现象，有可能导致性早熟，给童年带来负面影响从而失去童真。与此同时，他们更担心孩子虚荣心的膨胀和由此造成的行为后果。

⊙ "时尚病"扼杀孩子童真

孩子过早看爱情片、唱情歌，不但不理解内涵，更容易误解内涵或导致早熟。父母放纵的行为是对孩子错误行为的无意识强化。这种助长一旦延续到孩子长大，极有可能过早萌生性意识和潜在性行为，对于大多数性教育封闭的中国家庭来说并非是好事。

⊙ **对策：家长榜样作用依然重要**

专家呼吁，孩子患上"时尚病"成因千千万，但究其根本还是家庭教育和家长典范的责任重大。家庭教育是首位，视频早教取代不了家长对孩子的榜样作用。

幼儿在成长发育过程中人与人的交流必不可少，否则表达能力得不到锻炼，易导致语言发育迟缓。别把小孩教育寄托在电视、电子产品上，应该带孩子走出虚拟世界，爱上真实的大自然。

社会中性文化诱发儿童性早熟

专家们特别强调，自20世纪90年代以来，由于影视传媒的普及，不良的言情涉性电视剧形成的视听刺激成为了导致儿童性早熟的新兴杀手。据统计，性早熟95%以上来自环境刺激，其中语言、文化环境的污染影响是最不容忽视的。电视、电影节目中激情戏太多，是导致孩子发育提早的直接原因。

儿童性心理早熟首先是社会环境造成的。不容讳言，如今的大众传媒特别是影视传媒传播的内容中，涉性内容比例是相当高的。包括一些严肃题材的剧作，里边都刻意地要添加一些情爱场景。这样的影视题材如影随形地伴随着幼稚的孩子，对他们的心理影响可想而知。

书刊报纸在追逐可读性方面也不甘示弱，一些报刊越来越热衷于爆炒那些涉性题材，一些明星的私生活和性感照片被堂而皇之地搬到了报刊的版面

上，纸面媒介中以健康指导为名大肆炒作涉性内容的栏目更是层出不穷。

随着社会开放程度的提高，儿童的日常生活环境当中出现的性信息暗示也正出现急剧上升的趋势。黄色网络的泛滥是一个突出的现象，而满街的按摩院、歌舞厅，四处游荡的衣着暴露的"小姐"的身影，也在给儿童施加剧烈的心理影响。

儿童作为一个社会辨别能力较差的群体，对于不良文化的侵蚀往往没有抵御能力。由于性行为本身具有一定的吸引力和诱惑性，所以很容易被年幼的孩子不加选择地吸收，从而直接造成了未成年人的性心理早熟。

由性心理刺激诱发的性早熟，对儿童发展的影响正在揭示。专家指出，性心理早熟的孩子会诱发性格及心理扭曲，患儿可能因自己在体型上与周围小伙伴不同，而产生自卑、恐惧和不安。由于性发育超前，儿童的心智年龄普遍跟不上生理年龄，还会导致少年犯罪和社会不适应的问题。

在净化儿童成长环境的社会行动当中，要求传媒加强自律是必要的。但是，千万不可忽略的是，成年人要管好自己的一言一行。因为粗鄙的成年人要培育出高雅的未成年人，是不可想象的事情。在不良的社会土壤里，播种的即使是龙种，收获的也难免是跳蚤。

第四节 让孩子远离性早熟，家长与社会的责任

性早熟的危害不可小觑

在儿童性早熟比较严重的美国，专家们就发现，8～12岁年龄段的孩子，有的已经开始谈恋爱，有的用手机跟朋友打电话，有的已经像青春期少年那样对父母反叛。

他们平常所听的音乐中也充满了性暗示，打的游戏也是成人级的。儿童专家指出，早熟带来的代价可能是巨大的，孩子们和家长或许要面对一些成人才面对的话题，比如避孕和性病等。美国的儿童专家还指出，性早熟会使孩子产生一种融进集体的自然心理需求和攀比心理。美国的一项市场调研表明，8～12岁的儿童具有每年510亿美元的消费能力，家庭每年直接花在他们身上的更高达1,700亿美元。

在美国人为孩子忧心忡忡的时候，中国专家也对性早熟带来的健康和社会危害提出了自己的看法。

⊙ 极易对患儿造成心理障碍

性早熟儿童虽然性征发育提前，但心理、智力发育水平仍为实际年龄水平，过早的性征出现和生殖器官发育会导致未成熟孩子产生心理障碍，尤其是看到自己与周围人不同的性状特征极易引起孩子的自卑的心理，这种心理，很可能在其成年后都留有后遗症。

⊙ **使患儿分心，影响其读书学习**

应该说，性征的出现和生殖器官的发育肯定会使孩子分心，尤其是女生，过早来月经往往会令其感到不安、害羞和紧张。同时，女孩身体发育过早，没有能力处理好月经给生活带来的影响，加之由于生理和心理发展的不平衡，也给生活带来了诸多不便，这势必会影响孩子的读书学习。

⊙ **影响患儿身高，导致其最终身高矮于同龄人**

性早熟的孩子往往伴随骨骼生长加速，使其看起来比同年龄的儿童长得高。其实，这仅仅是一个暂时的现象，由于性激素的提前催发，导致骨骺闭合也将大大提前，生长期则相应缩短，即：长骨骨干与骨骺提前闭合而停止生长。一般情况下，女孩在初潮后、男孩在首次遗精后3年内平均只能长5厘米左右，所以，性早熟儿童的最终身高反而会矮于同龄人。

⊙ **可致患儿系统性内分泌失调**

我们知道，性早熟本身就是一种内分泌疾病，只不过，患儿自身的内分泌失调程度存在着个体差异，即有轻重缓急之分。症状较轻的患儿主要表现为性激素水平的失调，而症状严重的患儿就会导致系统性内分泌失调，比如肾上腺皮质功能亢进会引发患儿全身性多毛症状，反之，肾上腺皮质功能低下的患儿则表现为毛发减少、干枯，甚至伴随阴毛和腋毛的脱落；而甲状腺功能亢进者可见毛发细软或过早灰白，同一功能低下的患儿会出现生长期毛发减少，退行期毛发增多的症状……这仅仅是内分泌失调在毛发上的外在表现，还有很多全身性的症状。

⊙ **肿瘤征兆**

一小部分性早熟儿童的病因可能是因颅内肿瘤压迫所致，如果得不到及时处理，将会危及患者生命。

⊙ **性行为提前**

性早熟儿童的心理发育与身体发育极不匹配，加上患者生理年龄小、社会阅历浅、自控能力差，容易导致其性行为提前，从而引发怀孕和性疾病传播的危险。

到底说还是不说——儿童性教育别再"半遮面" 第一章

⊙ **埋藏社会隐患**

性早熟的孩子身体发育很快，他们更向往模仿社会上的一些东西，比如性爱和暴力。他们也因此比一般孩子更容易发生"危险"，比如早恋，甚至产生堕胎、性犯罪和自杀等社会问题。

⊙ **容易发生生殖系统疾病**

早熟的女孩虽有月经来潮，但是整个身体仍然处于学龄期儿童的水平，缺乏处理月经和对待第二性征的科学知识，致使有的女孩因不讲卫生而染上外阴炎和阴道炎，严重者还会患子宫内膜炎、附件炎或盆腔炎，导致终生不孕。也有的女孩因乳房隆起而害羞，偷偷地用布把胸部束紧，这不仅影响乳房发育，还影响胸部和心肺的正常发育。

 性早熟，父母如何早发现

随着物质条件的不断丰富，家长对自己孩子的注意也不仅仅停留在吃得饱、穿得暖的水平上。实际上，现在的小孩是吃得非常的丰富，很多父母甚至把燕窝、虫草等补品也一气塞给儿童。加上现在的许多经营者为了谋求更多的利益，在食物中添加了这样那样的促进成熟的物质。儿童如果长期进食这样的食品，也往往容易导致性早熟。

实际上，现在儿童成熟的年龄与20年前相比，已经提前了许多。也许大部分的家长还有印象：在自己念书的年代，许多都是在读了中学以后才开始发育的，而一些男孩子更是到了高二、高三，甚至大学以后才开始迅速发育、长高。而现在的小孩子，发育的年龄已经大大提前。一般来说，读小学高年级的同学都基本开始了发育。所以，我们把目前的儿童性早熟的年龄定为：男孩在9岁以前，女孩在8岁以前开始发育。

妈妈说给孩子的悄悄话

那什么是开始发育,家长又怎样才能尽早发现呢?

女孩子比较好观察。一般如果出现乳房的隆起,就可能是青春期发育启动了。而男孩子则可能是已经变声,甚至长出胡子才被发现,这就比较晚了。男孩的发育往往是从睾丸的增大开始的。如果男孩子的睾丸长得比鸽子蛋大的时候,也应是男孩发育的开始了。

因为性发育早期的表现都比较不明显,而小朋友自己对此又不甚明了。这一切都是要靠家长的细心、经常观察,及时发现,尽早就诊。因此,可以在每个月的同一时间,由同性别的家长检查孩子的第二性征,比如妈妈检查女儿的乳房,爸爸观察儿子的睾丸。有些时候,部分儿童的性发育可能是以体毛的出现开始的。如果在例行的检查中,发现小孩不到发育的年龄,又出现了上述的情况,就必须到医院找专门的儿童内分泌医生进行诊治。有些性早熟的孩子可能从5岁甚至4岁以前就开始了,所以例行检查不能到上了小学以后才进行,而是越早开始,越早形成习惯越好。

性早熟不但可能引起儿童心理自卑,让孩子觉得跟别的小朋友不一样。同时,也因为过早的发育而使最终的身高受到影响。有些不正常的性早熟,甚至可能是某些肿瘤发生的预兆。各位爸爸妈妈,从现在开始,经常关注孩子的发育吧。

儿童性早熟应尽早防治

预防儿童性早熟家长要注意以下几点:

适当控制饮食。避免营养过剩,尤其避免油脂多的食物,少吃甜食,但要保证蛋白质的摄入量,并应多吃些蔬菜水果。需要注意的是,让孩子避免进食可能含有性激素的营养品和保健品,也不要使用含有性激素的护肤品。

增加体育活动。尤其要加强锻炼下肢，每天应保证30分钟以上的运动时间，运动项目可选跑步、爬楼和跳绳。

保证充足睡眠。每晚应有八九个小时的高质量睡眠，以保证垂体在夜间能分泌足量的生长激素，因为生长激素对身高的快速生长有重要的促进作用。

创造良好的环境。比如不要让孩子过多接触与年龄不相称的视觉刺激，使他们的天性得到发挥，逐渐实现"本色"的回归。

性早熟的帽子别乱扣

女儿才8岁，怎么就见她的乳房开始发育了？儿子刚9岁，为什么他的"小鸡鸡"颜色和大小就有了变化？不少父母都产生过这样的疑问：孩子是不是性早熟？这个问题不仅困扰了孩子，也困扰了父母。专家提出警示：对于刚刚叩响青春之门的孩子们，性早熟的帽子扣不得。

比起上一代的女孩子十五六岁才月经来潮，现在的孩子十一二岁月经来潮已成了常见的事。由于现代社会文化、经济的日渐发达，气候日益变暖，孩子们的发育也越来越早。

可是由于缺少必要的知识，现在的老师和家长对于孩子的青春期过于警惕，动辄就给这些发育偏早却属正常的孩子冠以性早熟的帽子，这样会令孩子背负上不必要的精神负担。有些父母甚至领着孩子去医院门诊咨询是否是性早熟，虽然结果是孩子发育正常，但这却会给孩子留下心理上的阴影，使他们觉得自己是和同学们不一样的人。懵懂无知的孩子本来就对自身发生的变化很好奇，若再以如临大敌的态度对他们提起性早熟，可能会使他们越发疏远人群，和外界产生距离，与父母、同学的隔阂感更深。此外，还可能引

发他们对性产生兴趣,从而对学习无法集中注意力,性格趋于封闭。

性早熟的帽子乱扣不得。那么,当孩子对青春期、对性困惑时,家长又该如何做呢?面对孩子的性困惑,家长首先应该摆正自己的心态,要知道与其等孩子通过不好的途径去了解,不如自己主动把有关性的知识告诉孩子。在进行疏导和教育时,家长和老师还应持平淡的态度,不要以大惊小怪的态度激起孩子的好奇心。另外,家长和老师还应采取措施让孩子把精力转移到学习和运动上,要让孩子明白,也许自己是比同龄的孩子长得高长得大,只不过是在发育上比别人早走了一小步罢了,这不是什么坏事,更不能算是性早熟。

 ## "晨勃"现象不属性早熟

"我们都是一些孩子的家长,经常在一起谈论孩子的抚养教育问题,我们发现一些五六岁的孩子每天早晨醒来阴茎经常勃起,一排完小便后,阴茎便自然松软下来。他们是不是性早熟呢?"这都是一些家长提出的疑问。

不少小男孩早晨醒来,会出现阴茎勃起,有的甚至会在睡眠状态下勃起,而小孩却不知觉。有人把上述现象看做是性早熟、思春贪色,此种看法是错的!"清晨勃起"是男性的一种正常生理反应,是由于早晨清醒前,膀胱充满尿液,膀胱内压力增加,因而产生刺激,导致阴茎发生了一种潜意识的反射性勃起,它属于内脏器官反射作用引起的阴茎勃起。当然,性早熟、思春贪色也可以引起阴茎勃起,但那些是受意识支配的,是通过人的性幻想而发生的。家长所讲到的一些孩童在起床排完尿后,勃起的阴茎便松软下来,这显然是由于膀胱充盈而引起的勃起。可见,"晨勃"现象并不一定就是性早熟。

妈妈，我有好多问题想问你

——儿童成长过程中的"性烦恼"

第二章

第一节 我究竟从哪里来

启蒙第一问，家长要坦诚

谎言是不真诚的，撒谎是不对的。几乎每个家长都这么教育孩子，但是有些事情，爸爸妈妈们竟然也说谎了，还骗了孩子那么久。每次被孩子们问道自己从哪里来的时候，其实都是一个向他进行科学知识讲解的机会，但是似乎很多家长都错过了，而且一个"垃圾箱"仿佛孕育了全中国的所有儿童，"捡来的"这个解释真的合适吗？

齐齐的爸爸妈妈经常会当着齐齐的面说起一件事，齐齐爸问齐齐妈："你还记得那天把她捡回来的事吗？"齐齐妈就会故意夸张地说："这还能不记得，还是我在天桥底下先看见她的呢，那时候小脸冻得都快成红苹果了"。这个故事爸爸妈妈经常讲，而且一次比一次细腻逼真，小齐齐哪有不信的道理，终于有一天，她在幼儿园里哭着跟阿姨说，她想要她自己的爸爸妈妈，不想再住在别人家了，经过幼儿园阿姨耐心地询问，齐齐终于说了爸爸妈妈经常讲的那个故事，阿姨后来联系了齐齐的父母，以为齐齐真的是被抱养的，他们不小心聊天被齐齐听到了，但是了解了事情的真相之后，阿姨们也哭笑不得，原来这一切只不过是爸爸妈妈特意编出来逗小齐齐玩的。

所有家长都被孩子们问道过一个问题：我是从哪里来的？而几乎所有家

妈妈，我有好多问题想问你——儿童成长过程中的"性烦恼"

长都没有重视过这个问题，没想过要从科学的角度给孩子们解释，更没注意到这是一个对孩子进行性教育的机会，99%的爸爸妈妈都会说成：你是我从垃圾箱里捡来的。家长们觉得这是一个时间才能解释的问题，只要等到孩子们长大了，自己就会明白这个问题的答案，现在不应该问，问了也不应该回答，回答也不应该照实说，只要用"垃圾箱"把他暂时糊弄过去，把问题掩埋在时间里，等宝宝长大之后一切都自然会大白于天下了。

但是被电视、网络等媒体包裹着出生的宝贝们却不会心甘情愿地听妈妈的话，一同等待时间来解释，既然爸爸妈妈都说从垃圾箱里来，那我肯定就是从垃圾箱里生出来的了。原来垃圾桶才是我的妈妈啊。于是8岁的童童跟妈妈关系不再那么亲密了；幼儿园大班的妞妞甚至还打电话给110，希望警察能帮助她找到她真正的"垃圾箱妈妈"；7岁的阿宁还在经过天桥的时候央求妈妈把她送回去，被拒绝之后，阿宁号啕大哭对着天桥喊"妈妈"……

值得家长们注意，这一切都是由于那个流传已久的谎话造成的，我们聪明又敏感的宝宝们早就不是一个谎言就能糊弄的了，他们种种幼稚可笑的行为不过是因为对爸爸妈妈的信任。如果想要继续保持这么高的可信度和依赖感，就请你不要再随意骗他，如果再被问到这个问题，请你珍惜机会，也许这是你们第一次认真启蒙他的人生观和性教育，请你认真、耐心地就实回答。

 轻松回应"我从哪里来"

5岁的壮壮最近总是缠着妈妈问："妈妈，我是从哪来的？"

"等你以后长大了就会知道的。"

"可我现在就想知道嘛……"

看着不依不饶的壮壮，妈妈着实犯了难，怎么告诉他呢？

妈妈说给孩子的悄悄话

⊙ 需要回避吗？

实际上，"我从哪来"，"我是谁生的"这些问题，一直是孩子们极关心的问题。但大人们总觉得难以启齿，因此经常采取回避的态度。

西方童话故事中告诉孩子们"小孩儿是鹈鹕用嘴衔着从温暖的国度里带回来的"；而含蓄的中国人却将同样的意思表达得更加简单，"你是树杈中长出来的"或"路边捡回来的"等等。

随着时代的发展，科学的进步，各种各样的传媒已经将我们完全包围。孩子也经常在媒体或流行文化（如电子游戏和电影）中接触到遗传、繁殖或生殖等概念。

一方面是无限丰富的信息源（刺激），另一方面是遮遮掩掩的父母，二者间的巨大反差更是激起了孩子们的好奇心和求知欲。因此，适当地为孩子们讲解一些有关生命、遗传和生殖的知识是十分必要的。

⊙ 孩子能明白那些遗传和生殖的知识吗？

别担心，儿童发展心理学家们已经给出了答案：大部分5岁左右的儿童能够知道动物和人类的子代来自同种亲代，能够判断孩子与父母在生理而不是心理特征方面相似，并且理解这种相似是由出生造成的。

一些研究也证实，对幼儿园和小学低年级的孩子进行指导，以丰富他们的生命遗传和繁殖的概念，是完全可能的，而且非常有效。这不仅能够促进学前儿童科学生物概念的发展，而且还会为他们日后的生物学学习打下重要基础。

⊙ 如果他问："我从哪里来？"

可以这样回答：爸爸身体里有许多小鱼鱼，这些小鱼鱼叫做"精子"，妈妈身体里有个小泡泡，叫做"卵子"。当这些小鱼鱼遇到小泡泡时，都争先恐后地冲向小泡泡。那个身体最强壮、反应最灵敏、跑得最快的小鱼鱼冲到了小泡泡的跟前，一下子钻进了小泡泡的身体里。现在，小泡泡和小鱼鱼共同组成了一个新的细胞，叫"合子"（受精卵），这个新的细胞只有铅笔

妈妈，我有好多问题想问你——儿童成长过程中的"性烦恼"

尖那么大。于是，妈妈怀孕了。慢慢地，这个细胞越长越大，长成了一个小宝宝。所以，每一个孩子都是最棒的，因为在成千上万的小鱼鱼中，只有跑得最快的冠军小鱼鱼才能和小泡泡结合在一起，长成爸爸妈妈的宝贝！

小宝宝住在妈妈的肚子里，依靠脐带来从妈妈体内汲取营养。他/她长得越来越快、越来越大。200多天过去了，小宝宝已经从妈妈肚子里吸取了足够的营养，长得也足够大了，他/她可是从铅笔尖儿那么点儿长起来的呀！妈妈的肚子再也住不下了。小宝宝现在很想从妈妈的肚子里出来，看看亲爱的爸爸妈妈，看看外面的世界，再换一间大屋子，于是，他/她开始使劲儿了……

哎呀呀，妈妈的肚子开始痛了。爸爸赶紧把妈妈送到医院，在那儿，会有医生和护士帮助妈妈。妈妈使出全身力气，宝宝也使劲儿往外钻，终于，随着一声嘹亮的啼哭，宝宝出生了！

小宝宝一出生，就会从妈妈的乳房里吮吸乳汁，所以医生剪掉了没用的脐带。在医院住了几天后，小宝宝回到了自己的家。

另外，我们在回答孩子的提问时，应避免使用"路边捡回来的"等话语来敷衍孩子。因为成人一旦作出一个错误解释，就不得不用更多的错误解释去应对孩子。而这样的误导会对儿童理解科学概念产生不利影响。

⊙ **同时还要注意倾听孩子的弦外之音**

有时候，孩子提出这类问题并不仅仅是为了获得知识。温和地问一声："你怎么会这么问呢？"或许，我们会听到许多意料之外的声音——

"毛毛说他妈不是亲妈，我是不是也不是你亲生的？"

"爷爷说我是从垃圾里拣来的孩子，要是不听话，就把我送回去。"

这些声音表达出孩子的不安全感。他们需要的是父母的支持和信心，而不是想听父母讲解遗传和生殖知识。在作出回应前，我们最好先了解一下他们的心理需要。

妈妈说给孩子的悄悄话

⭐ 答案要符合孩子的认知水平

在回答孩子关于"精子如何与卵子结合"这个问题的时候，许多父母不知道如何才能够把握好"度"，还担心孩子了解这个过程后会变成小流氓，有的回避孩子的问题，有的不对孩子的问题进行正面回答，有的答非所问。但孩子对父母的回答却不依不饶，直逼"底线"，父母弯弯绕绕一通后还是让自己陷入了尴尬的境地。

一个5岁的男孩，观察动物到了一种痴迷的程度，由此也学会了交配、受精之类的词。在了解了爸爸的精子和妈妈的卵子结合就形成受精卵后，男孩开始思考妈妈告诉他的是"人工授精"使精子和卵子结合，于是认为男人和女人都要去医生那里进行"交配"。

有一天，男孩问妈妈堕胎是什么意思，妈妈告诉他就是不想要肚子里的小孩了，要去医生那里做手术将小孩拿掉。孩子反问妈妈："那为什么还到医生那儿去做受精卵？"这下可把妈妈难住了，不知道该如何为自己解套。

这位妈妈在回答孩子问题的时候，违反了"讲事实"的原则，将自己陷入困境之中。要解决这个问题还得回到问题的起点，妈妈要将"精子与卵子是如何结合的"事实告诉孩子，才能够帮助孩子搞清楚后来的问题。

一个5岁半的女孩，对于精子和卵子相遇形成受精卵已经有了一定的了解。一天，女孩突然问妈妈："爸爸的细胞怎么到妈妈的肚子里的？"妈妈轻

妈妈，我有好多问题想问你——儿童成长过程中的"性烦恼"

描淡写地回答："那就是生殖器官接通了细胞就传过去了嘛。"女孩说："我知道，那妈妈的器官和爸爸的器官是怎样接到一起的？是不是这样？"然后她努力地把肚子向前顶，两手还把外阴向前凑。

此时，如果妈妈回答"是的"，孩子的问题就解决了。但妈妈没有回答孩子的问题，却对孩子说："这是结婚以后才做的事，是隐私，现在不能做的。"女孩不依不饶："我知道现在不能做，我只想知道那是怎么做的嘛。是不是这样？"最后，妈妈只好含含糊糊地说："嗯，或许有的人是这样的。当夫妻之间这样做时，他们的心里和身体会感到很高兴。但是，如果被别人强迫这样做，却是非常难受的。"孩子问："为什么会被别人强迫呢……"

妈妈本想通过引入的新概念转移孩子的问题，结果把自己绕进了套子里了，因为要对5岁多的孩子解释"为什么会被别人强迫"是非常困难的事情。所以，父母在回答孩子的问题时，要坚持"孩子问什么，父母就答什么，答案要直截了当"的原则，解决孩子当下的问题就可以了。答案不要超出孩子的理解范畴，否则，孩子会就父母引入的新概念进行提问，这个问题或许已超出孩子的认知水平，父母就很难回答。

根据不同年龄给孩子不同的回答

有一位临床心理学家——安妮西·班斯坦博士，她曾做过儿童对"人类的起源"的认识的广泛研究。她在研究过程中采访了100多个注重儿童教养问题的家庭。其中大多数的父母都认为，他们已经向子女恰当地解说过"婴儿怎么来的"这个问题，觉得孩子应该能答复得很好，没想到研究结果却使这些父母大为惊愕。所以，在这里要提醒各位父母，不要从大人的角度看待孩

子的性好奇，各年龄段的孩子各有其性探索取向。"我是从哪里来的"这个问题也要根据不同的年龄段来给孩子合情合理的解答。

第一阶段，大约三四岁。此时的孩子多半无法理解婴儿是怎么来的。对于生殖器，孩子想象着——它是存在的，不过也许在别的地方。

第二阶段，为4～7岁之间。此时，孩子开始认知婴儿的某种由来，他们相信自己是由成人"组合"而来的，或者像商店中购买的货物一般，是被制造出来的。

第三阶段，在8岁左右，孩子逐步能够认知父亲也是创造婴儿的角色之一，而且具有肤浅的性交观念，但是他们无法把整个过程联想在一起，从而形成某种全面的认知。

第四阶段，在8～10岁之间。孩子再被问到"婴儿从哪里来"时，第一次出现困窘的样子。他们能够完整地叙述怀孕的原因，但是仍然不了解如何发生、如何结合，才能开始生命的过程。

处于11～12岁的第五个阶段的孩子，可能也是处于这种困惑之中。这个阶段的孩子，都需要有人向他解说：精子和卵子相遇并且结合后，胚胎才开始形成。

青春期为第六阶段，倘若父母从小就曾告诉孩子婴儿如何出生，这时的他们通常能较正确地描述其过程。

所以，提醒所有父母，在对幼儿进行科学的性教育时，要分阶段去解答孩子们的性疑惑。同时，还必须具备几个条件：一是父母必须端正性教育态度，认识两性教育的迫切性和必要性。另一方面也需要掌握良好的良性教育知识，学习和掌握良好的教育方式，以恰当的方式对孩子进行性教育是非常必要的。

妈妈，我有好多问题想问你——儿童成长过程中的"性烦恼" 第二章

第二节　从孩子口中冒出来的奇怪问题

 我是怎么跑到妈妈肚子里的

宝宝从幼儿园回来，情绪有些低落，闷着头坐在椅子上，看着正和爸爸坐在沙发上聊天的妈妈的肚子，忽然石破天惊地问出一句：

"妈妈，我是怎么跑到您肚子里去的？"

⊙ 场景一：

妈妈愣住了，看了看爸爸，继而放声大笑："有一次啊，妈妈吃了个苹果，但没有吐籽，后来，肚子慢慢大了，生出来才发现，原来是我最爱的宝宝。"

宝宝吃惊地说："原来我是苹果籽变的呀？那我算不算是个妖怪？"

⊙ 场景二：

妈妈的脸涨红了，随手打了宝宝一巴掌：

"你这孩子，脑子成天都在想些什么？怎么不想些好事情？！"

⊙ 场景三：

妈妈大大方方地把宝宝领到窗前，指着窗台上正在开放的花说："……这

是雄蕊、雌蕊和子房，花要通过雌雄受粉才能结果，有自己的后代。人也是一样，爸爸妈妈相爱，所以……"

"噢，原来是爸爸帮妈妈授粉，我才跑进妈妈肚子里去的。"

3～5岁的孩子最常向家长问到的有关性的问题，大多与自身有关，例如"我是从哪儿来的？"现在的家长们大多知道，应该告诉他标准答案。然而，当孩子的问题是我是怎么跑进妈妈的肚子里时，家长的反应就不那么自然了。

在这种情况下，以开玩笑的方式对付过去或简单地告诉他，长大后就会明白，当然是行不通的，这只会令孩子对这一过程更有神秘感，更有好奇心，以不正常的目光去探寻这件事情的真相。粗暴的做法当然更不可取，因为如此一来，就会让孩子形成这样的印象：这一过程是不好的，丑陋的。这种消极的情绪记忆，甚至可能会随着孩子一起长大，对他今后的生活产生影响。

最好的办法，是科学、平静地向孩子讲解这一过程。当然，对于孩子来说，不用讲解的过于实际，因为他只是对这方面的知识感到好奇。用花来对他讲解，既让他以正确的方法了解了性，解决了他的疑问，同时，也可以引导他养成观察的好习惯。

我为什么没有小鸡鸡

周末，张阿姨带着儿子强强到茵茵家玩。强强撒尿时，妈妈急忙从床底下拿出了茵茵的小便盆，接着"小鸡"尿出的弧线。

过了一会儿，茵茵悄悄地问妈妈："为什么强强有小鸡鸡，我没有呢？"

妈妈吃了一惊，不知如何回答。

妈妈，我有好多问题想问你——儿童成长过程中的"性烦恼"

张阿姨是一家医院的大夫。她看了看茵茵的妈妈，微微地会心一笑，替她解围说："因为你是女孩呀！"

"阿姨，为什么女孩就没有小鸡鸡呢？"茵茵接着问。

妈妈的脸上有些尴尬，张阿姨急忙示意妈妈不要阻止茵茵的提问，说："因为女孩和男孩不一样啊！"

茵茵没有得到确切的回答，睁着两只水汪汪的眼睛，幼稚的脸蛋上写满了期盼，问："女孩和男孩为什么不一样呢？"

"茵茵的这个问题，阿姨也说不清楚！"张阿姨鼓励着说："茵茵以后好好学习，长大了，弄清了这个问题告诉阿姨好不好呀？"

茵茵高兴地说："我知道了一定告诉阿姨。"

孩子从两岁开始，对自己的身体开始发生兴趣、产生认知，3岁以后，逐步对异性身体（性器官以及第二性征）产生好奇，会问出各种各样的问题。3～5岁的儿童已经不自觉地对性问题进行自我探究了。男孩子自然认为每一个人都应该有和他一样的性器官；女孩子则会思考，为什么自己身上没有别的小朋友有的东西？这是幼儿成长的一个必然的、也十分必要的过程，通过对身体发育的了解，孩子逐步理解了性别差异，做到对自身性别的认同。当他们向大人请教时，家长要注意对其进行正确的性教育，否则就会形成一些认识上的误区。

⊙ "他的那个东西没有用，等妈妈有空给他们剪了。"

这种戏谑式的回答借贬低对方来抬升自己性别的位置，不仅错误而且极易造成危险的后果。孩子对于父母都是遵从甚至崇拜的，有的时候他们可能会借"听话"来获得父母的认可甚至只是注意。他们缺乏安全的知识，有的时候，也许真的会酿成不可想象的后果！

⊙ "爸爸和我还有你奶奶都想要个男孩，可惜你却出生了！"

在城市中，这种重男轻女的思想也许不那么流行了，但是如果一不小心说出来，会对孩子的心理造成很大的不良影响。女孩听到这话之后会感到自

己是不被重视的、多余的，或是出现对自己性别的自卑感，觉得自己比男性少了几样东西，部分女孩会形成"阴茎嫉妒"心理，对其日后的生活产生不良影响。

⊙ "男孩有小鸡鸡，女孩也有小麻雀啊！"

这是一种消极、保守的回答，只是强加式地描述了现象，但是并没有作出回答，这可能导致孩子更强烈的好奇心，激发她的冒险心理。

"所有的女孩都没有小鸡鸡，因为男孩子与女孩子生殖构造本来就不一样啊！女孩子因为将来要生孩子，所以需要子宫和阴道，不需要小鸡鸡，这些是男孩子没有的。无论是男孩还是女孩，爸爸妈妈都一样爱你们。"

在告诉了孩子男女性别特征的差异，培养了孩子明确的性取向之后，再让孩子树立起男女平等的观念，也能较好地满足孩子的好奇感，不失为一种回答的好方法。

为什么妈妈胸部比爸爸的大

面对这种问题，很多父母常常会觉得很尴尬，并且会责备孩子说："小孩子注意这个干什么！羞不羞呀？"

如果父母将之看做是下流的意识加以看待，并用粗暴的态度对待孩子，对孩子的性心理发育自然无益处。要知道"疏"总比"堵"好，父母如果一味地"堵"和"管教"，是根本无法让孩子弄明白问题的实质的，只会导致孩子产生更强的好奇感，于是千方百计地从别的途径了解答案，一旦他们从一些不正常的途径得到一些错误观念，继而影响到日后的性观念乃至正常生活，父母也许只能后悔莫及了。

妈妈不妨这样回答："爸爸妈妈的胸部和你的胸部都叫做乳房，但是爸爸

妈妈，我有好多问题想问你——儿童成长过程中的"性烦恼" 第二章

妈妈的身体里的激素不同，妈妈身体里的激素会让妈妈的胸部鼓起来。宝宝生下来后要喝奶，妈妈的乳汁就是小宝宝的粮食，乳房是给宝宝储存粮食的地方，所以妈妈的胸部是鼓的。爸爸的激素跟妈妈的不同，它不会让爸爸的胸部鼓起来，所以爸爸也就不能给小宝宝喂奶了。"

回答这种问题时，目的是要让孩子明白女性乳房大是"理所当然"的，是母性的象征。这样的答案，对男孩子来说已经足够了。而对于女孩子，还可以同时告诉她："你的胸部小是因为你还比较小，等到你上中学的时候，你的乳房也会慢慢地发育变大，为你将来生小宝宝做准备。不过，在没有生小宝宝的时候，乳房里就不会有奶水；小宝宝长大以后，乳房里也没有奶水了，你看，妈妈的乳房里现在就没有奶水了，因为你比较听话，已经会自己吃东西了。"

当爸爸和妈妈再遇到这样的情况时，要像对待孩子问"天上为什么会有星星"一样，自然平静地对待孩子的问题，实话实说，告诉孩子他想知道的一切，当孩子了解了乳房的"真相"以后，他就不再好奇了。

 为什么妈妈还用"尿不湿"呢

一次，妈妈在卫生间换卫生巾时被4岁的小玉看到，她非常好奇地问："妈妈，你怎么还用尿不湿呢？"

"妈妈害怕来不及，弄脏了衣服。"

"那你早点来卫生间，就来得及了，妈妈，流血疼吗？"

"妈妈不疼，过几天就会好的，但有些人可能会疼，每个人的感觉是不一样的。"

"那我长大是不是也会流血？为什么会流血呢？"

"因为妈妈现在不需要这些血了,就把它排掉,就像吃的东西过了期,变质了,就得扔掉一样。女孩子长大了都会流血的。"

由于日常生活都在一起,有的母亲在来月经或者换卫生巾时,会不小心让孩子看到,一些孩子也偶尔会在卫生间里注意到妈妈的卫生巾或者卫生棉,他们会向妈妈问起它们的用途。

面对孩子的这些疑问,不少妈妈回答时大费周章。这毕竟是一个连成人都不愿意去提及的话题,更何况与自己年幼的孩子进行沟通呢。这时候,父母万万不可羞于表达或者是气急败坏,而要平心静气地向孩子解释,因为一方面孩子都会碰到这些问题,提前给他们一个感知,会让他们日后不至于猝不及防;另一方面,孩子关心的并非是父母的隐秘,而只是现象本身,是好奇心的驱使。因此,只要父母平心静气,孩子的这类问题其实并不难回答。

⊙ "哎呀,脏,赶紧出去。"

有研究表明,一些女性成年之后的性方面出现种种障碍正是年幼的时候得不到健康的性教育引起的。上述的这一回答,其实正是父母对孩子进行性教育不当的表现之一。它不仅会让孩子觉得来月经是"脏"的,更会进一步觉得女性的身体是"脏的"。男孩可能会因此对女性产生歧视,女孩也许会因此而自卑,甚至会引起日后性方面的不协调。

⊙ "这是'大姨妈',女人每月都会这么'倒霉'一次。"

这也许是一些"传统女性"的回答。其实,在人类学和社会学的研究中,这是一种禁忌的现象,人类排出的液体人们都会视为"脏",因为他们与自己的身体分离,是被抛弃的东西。但是很显然,这是不当的。当孩子在不明所以然的情况下见到出血现象,本来就会感到可怕、讨厌等,而父母如果做出了这样的回答更会加深孩子的不安情绪,认为月经就是"倒霉"的观念可能会很长时间伴随、影响着他们。

⊙ "这没什么奇怪的,每个女人都会有的。"

这种回答比较中性,但其实也不能完全满足孩子对生理知识的需求。过妈妈，我有好多问题想问你——儿童成长过程中的"性烦恼"

于简单的回答，可能导致孩子更强烈的好奇心，很难保证他们不会从别的途径获取到一些更加不当的回答。

"妈妈用的不是尿不湿，而是卫生巾，妈妈用它来吸收妈妈排出来的一些液体。妈妈身体里有一个供宝宝生长的地方，叫子宫，它每隔一段时间（差不多一个月）就会产生一个卵子。如果这个卵子遇到爸爸的精子，就会在子宫里安顿下来，长成一个小宝宝。当爸爸妈妈不想要小宝宝时，那颗卵子就不会被子宫收留，身体就会把它排出来，排的时候会出一点血。因为每个月会有一次，每次会持续几天，所以人们就把这个过程叫做'月经'。为了在月经时不把裤子弄脏，所以我使用卫生巾。女孩子到了小学五六年级或是初中，也会来月经，但是月经和身体受伤流出来的血是不一样的，不会损伤身体，所以不用为妈妈担心。你长大了也会有的，那时候就表明你长大了。"

对于女孩子来说，这是妈妈最好的回答方式之一，妈妈耐心、科学地解释，本身就会让孩子感到尊重和满意。同时她们确知自己也具备这种能力之后，就会感到满足，对这种身体变化不再有恐惧心理，她们会得到心理上的安慰和知识上的满足。

"人长大了，身体就会有很多变化。像男孩子会和爸爸一样长出胡子和喉结，女孩子也会像妈妈一样来月经，这是很正常的。你长大了也会有这样那样的变化的。"

妈妈这种回答比较客观、准确地告诉了孩子随着年龄的增长，男女发育会有不同的现象和特征。借此机会，父母也可以进一步引导孩子从男女的性格、身体、工作等各个方面综合认识男女之间的差别，理解女性特有的性别特征及其行为表现。同时可以告诉他们，男孩和女孩是不同的，社会对他们的期待也是不同的，因此，男孩子要像一个男子汉，而女孩子要像一个女孩。

爸爸，你那里为什么鼓鼓的

早晨，妈妈在叠被子，爸爸穿着短裤找衣服。就在这时，4岁的女儿推开了卧室的门——

"爸爸，你那里怎么鼓鼓的？"

⊙ 场景一：

"你先出去，不叫你就不要进来——说过多少次了，进房间要敲门。"

⊙ 场景二：

"因为，爸爸那里藏着一只小老鼠……"

"小老鼠？"

"我要小老鼠，我要小老鼠……"

⊙ 场景三：

妈妈抱住女儿，在她额头上亲了一下。爸爸趁机穿好裤子。

"爸爸是男人，你和妈妈是女人。男人和女人是不同的。宝宝想想看，男人和女人还有什么区别？"

"嗯，女人的头发长、男人的头发短……"

生活中难免遇到这种尴尬的场景。

场景一中的妈妈，情急之下，把孩子推出门外，虽然在阻挡住孩子的目光之余，教导了孩子的礼节常识，但却没有消除孩子的好奇心，反使之更

妈妈，我有好多问题想问你——儿童成长过程中的"性烦恼" 第二章

为强烈，而且，易使她产生这样的感觉：我是爸爸妈妈之外的人，我并不重要，甚至产生失落的感觉。场景二中的妈妈，谈笑间告诉了孩子一个"歪理"，这种引导将会让孩子对性及性别产生歧义。在这种尴尬的场景中，家长的表现极为重要，是亲切、随和还是紧张、惊慌，是视性为自然还是洪水猛兽，都会在孩子心中打下一个烙印。场景三中，家长的做法值得提倡。妈妈自然地抱住孩子，爸爸趁机"遮羞"，平静地告诉孩子，那是男人与女人的区别，并自然地引导孩子进入自我认知的学习当中。

对于4岁的孩子，可以告诉他什么是生殖器官，而男女的生殖器官有何不同，可能略显早了些。因此这个时候，家长需要做的，只是平静地告诉孩子：男性、女性不同，但无论你是男是女，都是一件很自然的事情。

妈妈，女孩为什么不能站着尿尿

夏天的一个晚上，妈妈给玲玲洗澡，玲玲听到洗澡水哗哗的流动声，总是条件反射似的先蹲着小便一次，而今天她却非常特别地站着小便。

于是妈妈问："宝宝今天怎么站着小便呢？"

玲玲说："幼儿园的男生都是站着尿的，为什么女生不能站着尿尿呢？"

⊙ 错误的回答

"因为性器官不同的缘故。"

"你又不是男孩子，怎么能够那样撒尿呢？可不能这样！"

通常孩子在两三岁的时候就会对"性"产生好奇心，他们想了解为什么男孩子长着"小鸡鸡"，为什么妈妈有"奶"而爸爸没有等许多有关"性"差别的问题。如果大人对他们采取隐瞒或回避的态度，孩子心中会产生"性

是不可以知道的"观念，并对"性"产生不正当的好奇心。

⊙ **聪明妈妈的回答**

"你能观察到男孩和女孩的差别，这说明你很细心。男孩有阴茎，可以把尿撒得很远，这样裤子就不会湿，女孩没有阴茎，尿直接从尿道里流出来，所以就要蹲下，要不然会把你漂亮的小裤子弄湿的。"

这种回答方法很明确地给孩子讲述了男女在排泄器官上的不同，让孩子能够以一种科学的认识来看待这些"奇怪的不同"。同时还可以让女孩亲自尝试着做一次，当女孩子看到尿湿的裤子或地板时，自己就会感到这样做的确很不方便，自然就会明白了。

为什么只有女人才能生小宝宝

浩浩和邻居家的小妹妹晶晶一起在浩浩的家里做作业。一会儿，浩浩好像想起什么似的，神秘地将嘴巴凑到晶晶的耳朵边，说："我们玩生孩子的游戏吧。"

晶晶同意了，"不过你要听我的，我要做爸爸！"

"好啊，好啊！"浩浩说着便把自己的靠垫塞进衣服里，然后挺着"大肚子"说："你看，我怀孕了，要生小宝宝了。"

晶晶忙纠正他："不对，我妈妈说了，男孩是不能生孩子的，你是男孩，所以你不能生孩子。"

浩浩不解，他坚持自己的观点："我能生孩子！"

晶晶一点儿也不肯让步："我妈妈是医生，她肯定不会错的！你们男孩子就是不能生孩子！"

浩浩沮丧地掏出了靠垫，他很伤心，因为他将来竟然不能生下自己的小

妈妈，我有好多问题想问你——儿童成长过程中的"性烦恼"

宝宝……他就一直等着妈妈回来。

不久，妈妈下班回来了，浩浩连忙跑到妈妈面前伤心地问："妈妈，我为什么不能生孩子？"

⊙ 当然只有女人才能生孩子啦，小傻瓜！哈哈！

嘲笑，是父母听到孩子的"怪诞"问题后的普遍反应。其实，孩子眼中的世界与成人眼中的世界是不同的，这一做法伤害孩子自尊心的同时，还有可能使某些男孩以为自己比女孩缺少某种"特异功能"，形成性别上的自卑心理，进而影响到他日后性心理的正常发育。

⊙ "小小年纪怎么玩这种游戏，谁教你的？"

这一态度可谓是父母强权而又内荏的表现。其实，逃避解决不了任何问题。关于性，孩子与父母的兴趣点是不同的。父母可能认为，孩子关心的是性行为和性过程本身，其实，孩子只是"性好奇"，只是希望了解它的来龙去脉。对此，父母就可以有针对性地回答，将孩子所希望了解的部分明确地告诉他。不必遮遮掩掩或者严加训斥。

面对孩子的这一问题，妈妈可以这样回答："的确是女人才能生出小宝宝，因为女人的身体里有一个专门可以让小宝宝吃住的器官，叫'子宫'，而男人的身体里就缺少这个器官，所以他不能怀小宝宝。但是如果没有男人的帮助，女人也是无法生小宝宝的。在女人生小宝宝的过程中，男人可是扮演着一个非常重要和不可缺少的角色哩！"

同时要提醒父母的是，对于这个问题，父母可以有针对性地回答，对于年龄小的孩子，可以多用一些类似童话、动物的故事来向孩子讲述这些答案，让他知道，生育孩子是男人和女人共同的事情，男人也是必要的！如果是女孩提出这一问题，父母还可以再跟孩子说"长大后你也可以像妈妈一样生孩子，不过，现在就要她好好地吃饭和锻炼，把身体养得好好的，将来才能够生育出健康的小宝宝。"一定要向孩子强调必须是"长大后"，是身体和心理都发育成熟之后才能做。

妈妈说给孩子的悄悄话

☆ 妈妈，他们抱在一起做什么

我们住的家属院有一个大操场，那里有孩子非常爱玩的滑滑梯、跷跷板、秋千等，每天下午我都要带着孩子去操场上玩一玩。昨天下午，孩子跟我回家时，在路上正好碰上一对年轻人搂在一起亲热。孩子从他们身边走过，只瞟了一眼，随即站住，直直地看了足足有十分钟，然后仰起小脸很认真地问我："妈妈，那个叔叔和阿姨抱在一起干啥呢？"

现代社会是一个缩小了的社会，因此，孩子在人与人的交往、电视、电影、网络等大众媒介中看到许多父母不想让孩子看到的东西，甚至动画片里都会有男女接吻拥抱的镜头。有些父母在电视上出现男女亲热的画面时，会急忙蒙上孩子的眼睛或者是急忙调换频道，但这样做会让孩子更加感到好奇或误认为这种做法是罪恶的。更重要的是面对"防不胜防"的现实，您不可能永远"蒙"下去。

"堵"不如"疏"，对孩子放弃"蒙"、"堵"的想法，而对其进行适当的教育和引导，无疑是优秀父母应有的举动。

⊙ "那是大人的事情，小孩子不要管。"

往往事物受到的压力越大，反抗力就越强，对待孩子的一些敏感问题，有时候只能采取顺水推舟的方式，稍微改变航向，引开他的注意力就行。如果一味的敷衍孩子，反而会增强他的好奇心。

⊙ "小孩子家，瞎看什么，看什么不好，非看这个？"

这样怪孩子其实是不公平的。孩子走在路上东张西望，本来也是对外

妈妈，我有好多问题想问你——儿童成长过程中的"性烦恼" 第二章

部世界的一种了解和学习。看到什么不是孩子的错，孩子有问题要问更不是错。家长应付不了，倒把孩子当成替罪羊，虽然摆脱了自己的困境，却会给孩子带来了伤害。

对于这个问题，妈妈其实可以这样回答："两个非常相爱的人才可以接吻和拥抱，他们用这样的方式表达亲热。不过，这可不是随随便便就能做的，你明白吗？"

"爸爸和妈妈也亲过嘴，那是爸爸和妈妈表达相互喜欢的一种方式，但是这种方式只能大人使用。"

如果电视里出现性爱镜头，就会令父母更加尴尬。如果孩子问您"叔叔阿姨在做什么"、"他们在打架吗"，为了不让孩子形成错误的印象，建议您可以按照上述方式实话实说，但不必过于具体。

 爸爸的小鸡鸡那里为什么会长头发

刚从外面踢完球回来，小强和爸爸浑身都被汗弄得湿漉漉的。于是两人便嘻嘻哈哈地一起走进卫生间洗澡。在洗澡的过程中，小强仿佛发现了新大陆，一边看着爸爸的下面一边异常惊奇地问爸爸："爸爸，你的小鸡鸡那里怎么和我的不一样，怎么长头发了？"

孩子从3岁开始进入性别认知阶段。在洗澡的时候，父母经常会被问及体毛的问题。当孩子问"为什么会长头发"的时候，要想用科学的说法来回答似乎太困难了。

孩子习惯地将所有的"毛"和"发"定义为"头发"，凭他们有限的观察经验，他们认为"头发"都该长在头上，所以，当孩子看到父母与自己和

小伙伴有所不同时，心中立刻产生了种种疑问。这其实是他们认知发展的结果。

但是，当男孩看见爸爸和自己相似却又不太一样，并且长着黑毛的阴茎时，一般都不会吓一跳，他们只会非常好奇地注视它，然后问"爸爸的小鸡鸡为什么会长头发……"

⊙ "你这小屁孩怎么问这么多？"

这其实是许多父母面对孩子提出性问题时的直接反应。他们觉得很尴尬，不好回答，甚至会觉得"现在的孩子怎么这样，小小年纪就……"所以干脆采取呵斥或拒绝的方式企图蒙混过去。不过这样做孩子的问题仍然没有得到解决。如果他们能从别的途径了解到正确的性知识和性道德还比较好，一旦从一些不正常的途径得到一些错误观念，就可能会危害他们的一生。

⊙ "你这小孩怎么这么不要脸！"

成年人其实懂得很多道理，但是往往不能将其用到教育孩子上。大家都听过大禹治水的故事，知道"疏"比"堵"好，但是，不少父母在教育孩子的时候仍是一味地"堵"、"管教"，其实，孩子的发展正如树苗，需要引导，而不是单纯地修剪、控制。

⊙ "长在头上的叫头发，长在胳肢窝中的叫腋毛，长在两腿间的叫做阴毛。"

在孩子稍大后，父母可以在为其洗澡时，有意识地告诉孩子身体一些隐秘部位的正确、科学的名称，比如"阴茎"、"外阴"、"乳房"等；而不要含糊地称"小鸡鸡"、"小麻雀"等。

⊙ "长大以后，不管是谁的小鸡鸡都会长毛的。"

要想用科学的说法来回答"为什么会长毛"似乎比较困难。因此，像下面这样回答就可以了。

"因为那是很重要的地方啊！有毛发就可以保护它。就像我们的脑袋，因为非常重要，所以先用硬硬的头骨来保护，然后再用头发保护它。"

父母的这种回答方式不仅满足了孩子的好奇心，而且同时还向孩子说明

了生殖器的重要,如果能再说明一下"生殖器是每个人的隐私,没有得到允许是不能随便看的,而且别人没有得到自己的允许也是不能看的"会更佳,因为性知识可以慢慢地从成长的岁月中得到,而性道德必须是在小时候就要学会的。

这个气球(安全套)是做什么的

早晨在收拾房间的时候,不小心被女儿发现了避孕套,她像发现新大陆似的飞快地跑过去拿到手中问这是什么,我支支吾吾了好一会儿,反问她你猜这是什么呢,她说不知道。这时她又要求打开让她看看,说她从来没见过这种东西,为了满足她的好奇心,我就给她撕开让她看,她用手摸了一下,说好多油啊,我说是很多油,快收起来吧。她依旧不依不饶着问这是什么,干什么用的。我以为告诉她名字她也许就不会再问了,就告诉这是安全套!谁知她居然又问是套在哪里的?我赶紧转移了她的注意力,扔了这个避孕套。她跑到一边玩去了。

碰上这种情况,到底该怎么跟女儿解释呢?如果不满足她,她还是会打破砂锅问到底的,这是什么?干什么用的?套在哪里的……

避孕套、避孕药以及一些娱乐工具、敏感光盘等父母应该将其置于孩子难以找到的地方,以避免他们过早地接触这些东西。而一旦不小心被孩子发现这些东西,父母也不应该过分慌张,可以简单解释一下它的作用,告诉他们这是为了健康才使用的,而且是成年人才能使用的东西。

⊙ "你怎么乱翻妈妈的东西?不像话!"

斥责只能让孩子更加好奇,他们会在你不在的时候偷偷地翻看。

⊙ "孩子,这种气球只能爸爸玩。"

这种回答仍是对孩子进行搪塞,并没有解释那是成人用品。孩子仍会想:为什么只有爸爸才能玩?

⊙ "宝宝,翻看爸爸妈妈的东西是不对的。因为爸爸妈妈也有自己的空间。你翻看的那些东西是大人才可以用的,它可以防止妈妈怀孕再生小宝宝;你现在用不着,所以,爸爸妈妈把它藏了起来,你可以把它放在原来的位置。"

这一回答在让孩子明白这些东西的作用的同时,也让他明白尊重别人(纵使是最亲密的父母)隐私的道理,是一语双关的回答。

⊙ "宝宝,那些是成人用品,只有爸爸妈妈才能使用,是爸爸用来防止妈妈怀孕和生病的。"

这一回答告诉了孩子那些东西是什么,又让孩子树立了成人用品只有父母才可以使用的概念。如果孩子年龄较大,父母也可以趁机向孩子介绍一些简单、正确的避孕和性健康常识。

妈妈，我有好多问题想问你——儿童成长过程中的"性烦恼"  第二章

第三节　爸爸怎么没有穿衣服

 父母和孩子能不能裸体相向

儿童性教育是父母较关注的话题。每个家庭几乎都会遇到有关裸体的问题。例如父亲带男孩去洗澡或游泳，母亲带女孩去洗澡或游泳……同时，孩子们自然地也会见到其他人的裸体。这有何好处和坏处？

该不该光着身体在孩子面前走来走去？这个问题，答案恐怕见仁见智。

我们随意请教了4个人：

"噢，不，绝对……绝对不可以。孩子绝不可以看到双亲没穿衣服，至少不能脱得光光。"

"我觉得，父母'应该'光着身体在屋里走。当然喽，没必要时常这么做……"

"荒谬……只有糟老头子和嬉皮士之流才会光身露体。我是个健全的成年人，宁可服装整齐出现在他们面前，同时也希望他们在我面前能穿上衣服。"

"有什么值得争议的呢？重点在于你要认清自己的身份，以及认定该怎么做。我父母都是很高傲的人，老弟没穿戴整齐也从不走出浴室或卧室。所以我们都晓得无论到哪里，记住——得先敲门。"

第四种说法比较接近专家观点，即决定权在你。假如你认为父母不该在孩子面前光身露体，就穿上衣服吧。如果你觉得在自己家里、在孩子面前，脱光了是很自然的事，也尽管去做。重点在于，自在就好，根本别去伤这个脑筋。尽量顺其自然，其次才考虑该不该做。

⊙ 顺其自然

孩子看到了你没穿衣服，并不会对他造成任何伤害。孩子天生就对自己和别人的身体感到好奇，他好奇的对象包括父母在内。因此他们看到后，除了能增进对人体的认识外，也能由于看见父母的身体，预知自己日后的发育情形。

也就是说，若父母觉得，偶尔让孩子在浴室或卧室中看到自己裸体是件很自然的事，同时这也已经成为日常生活中的一部分，那么孩子就确实能经此不矫揉造作的方式得到"人体是美好的"信息。如果你从来没有在孩子面前裸露的习惯，可别为了"或许会对孩子有好处"的想法而勉强自己。

⊙ 裸体本身没有伤害

孩子在无意间瞥见你裸露身体时，你的反应对孩子的影响尤其深远。如果他平常很少看到你裸体，无意中撞见时，你愈生气，他们对你当时的反应愈难以忘怀。于是他们将会认定，自己一定做错了事，同时也认为裸露自己是件坏事——如此一来，可能造成他们日后对性持犹豫不决的态度。

为防止父母有过于强烈的反应，也避免使从未见过双亲裸体的孩子产生困惑，大部分的性教育学家认为：一般家庭在平时最好别太注重服装是否整齐。因为假如孩子常能看到成人的躯体，届时比较不会引起观念上的偏差或过度惊讶。

至于平常就习惯于穿得比较少的家庭，也不必担心所谓的"过于暴露"。如果超出了孩子所能容忍的极限，他们自然会明白地表现出来。

孩子到了青春期，会特别在意自己发育中的身体，逐渐把自己隐藏到门后，同时也要求你这么做，当孩子说"爸，把门关上"或者是"妈，请你出去"时，教育学家及精神学家一致主张，父母应该尊重孩子的这一要求。

妈妈，我有好多问题想问你——儿童成长过程中的"性烦恼"

专家建议，在家中，你不妨对性采取"开明"而"自在"的态度——但是得特别记住一点，千万别勉强自己。你自己对裸体的感觉，或许也正是孩子所持有的感觉。

⊙ 父母和孩子裸体相向的好处

孩子们能看到父母的裸体的好处是在他们成长过程中能更好地、自然地接受他们自己身体的发育和性特征。小时候的肉体接触则能促使他们与成人之间的情感交流和培养，这样他们会具有更强的安全感。如果孩子从小就能和父母共浴，一直有机会裸体相向的话，他们完全能自然地接受这一点，而且不会产生任何消极影响。

相反，如果过去在家庭中并没有这样的习惯，父母突然裸体出现在他们面前时，会令孩子感到震惊、不安、羞怯，特别是孩子年龄已经比较大时。让孩子们从小获得有关两性身体结构的知识并不是一件坏事，这些知识对确定他们的心理性别，即性认同很有关系。这样身体的形态和性器官大小的区别就会得到认可，并将向他们提供有关自身或对立性别在成年后会是何种形象的准确的想象。

总之，父母能否和孩子裸体相向是一个值得探讨的问题，但不能否认的是它在儿童早期生活的性别自认过程中的积极意义。

当然，随着年龄的增长，就应逐渐教给孩子们注意保持隐私，尊重他的隐私。到了这一时期，父母的行为尤其应该注意，不应作出违背上述注意事项的、令大人和孩子都感到尴尬、不自然的举动。

 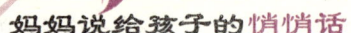

妈妈说给孩子的悄悄话

父母要与孩子一起洗个澡

不久前的一天，4岁的儿子跑过来跟我说："妈妈，女孩子没有小鸡鸡，嘘嘘怎么拉出来了呢？"我说："女孩子也有小鸡鸡的，就是非常非常小，与男孩子的不一样。""我想看看好吗？""这是隐私部位，不能给别人看的。"虽然再三强调了隐私部位，可儿子就是要看。在和丈夫商量之后，我决定和儿子一起洗一次澡。那天，我故意装得很坦然，当裸体展现在儿子面前时，他的反应倒是很平静，只是说："噢，原来是这样的。"之后，他再也没有提出要看隐私部位的要求。

在我们的传统观念中，允许女儿与母亲一起上卫生间，一起洗澡；男孩可以和父亲一起上卫生间，一起洗澡。但男孩与母亲之间就不可以这样，同样，女儿与父亲之间也不可以这样。在许多家庭里，父母认为让孩子看见自己的裸体很尴尬，从不在孩子面前裸体，不与孩子一起洗澡、上洗手间，这都是不正确的。

由于现在的孩子大多是独生子女，从小缺乏从兄弟姐妹那里了解异性的机会，如果从来也没有看见过成人的裸体，孩子就无从知道两性身体的差异；这些孩子稍大一点之后，一旦看到异性身体或者成年人的裸体，他们就会感觉惊奇，认为异性的身体不正常。

所以，在孩子4岁之前，父亲和母亲与孩子自然地一起洗澡，或者满足孩子看父母洗澡或上洗手间的欲望，是让孩子了解成人身体的最自然的方式。孩子年龄越小，这个过程就越容易进行。

妈妈，我有好多问题想问你——儿童成长过程中的"性烦恼" 第二章

英国性心理学大师哈夫洛克·霭理士认为：孩子对裸体的认识越早获得越好。假如一个儿童在童年的发育时期，始终没有见过异性儿童的裸体形态，会引起一种病态的好奇心理；然后一旦突然见到异性成年人的裸体形态，精神上可能是一个痛苦的打击。如果一个儿童对成年人裸体的好奇心从来没有被满足过，就为成年后的性心理异常和性犯罪留下了空间。比如成年后通过偷看异性浴室、偷看异性身体、偷看异性卫生间等获得性的满足。

所以，如果孩子想了解成人的身体，我们不但要让孩子看，而且还要大方地、坦然地、自然地让孩子看！父母要明白：现在我们坦然地让孩子看我们的裸体，目的是将来孩子不去偷看异性的身体。

究竟什么时候该停止与孩子共浴

平时，爸爸妈妈会与宝宝一起去浴室洗澡，但随着宝宝年龄的增长，很多家长难免在考虑，什么时候该停止与孩子共浴呢？

有位儿童专家曾做过这样一个实验：每年他都进行一次园内儿童实验。他把裸体男女像挂在大、中、小班的教室里，结果发现：3岁的孩子就可以区别男女的差异；5岁孩子才明显表现出敏感的态度，并做出表示"恶心"的反应。因此，儿童专家认为，当孩子未产生男女有别的疑惑或好奇心时，即4岁之前，是可以用男女孩子"共浴"或与异性父母同浴的方法来解决他们关于男人与女人有什么区别这类问题的。

孩子和同性或异性的父母在公共浴室同浴，正好是创造性教育的环境，让孩子自然地觉察到男性和女性、成人和孩子在生理发育上的不同，父母还可抓住时机，进行适时、适度的性别差异的教育，使孩子牢固地树立起男、女性别差异的观念和良好的性意识。美国一位幼儿教育学者说得好："在孩子

还在学前年龄时,父母在家中稍微赤身裸体是很好的性教育,可使孩子对性与身体构造有较放松而健康的态度,不过待七八岁以后,就该保守一点了。孩子到了七八岁以后洗澡时,也许希望把浴室的门关起来,就尊重他这隐私吧!父母们也该这样了。"

第四节 孩子们喜欢玩的性游戏有哪些

 **宝宝玩入"洞房"游戏**

 4岁宝宝入"洞房"

小欣今年4岁,在幼儿园读中班。日前,幼儿园举行了一场化装舞会,小欣被安排当新娘,与另一名当新郎的小男孩挽着手,伴着婚礼进行曲步入礼堂。幼儿园的老师还特意为这精彩一刻拍照留念。女儿回来后,马上把照片拿给我看,兴奋得小脸通红。我当时看了没在意,谁知没过两天,小欣就拉着同一个小区的小男孩要结婚洞房,还装模作样地要上床。小欣的妈妈担心女儿在新娘新郎游戏中慢慢堕落,幼儿园不应该在幼儿还没具备分析判断能力时搞太多成人化的活动。站在旁边的小欣可不理会妈妈的焦虑,她一把夺过照片,笑嘻嘻地说:"扮新娘子真漂亮!"

妈妈，我有好多问题想问你——儿童成长过程中的"性烦恼"

⊙ 莫以"大人之心"度"孩子之腹"

"其实，孩子玩'新郎新娘'游戏，只不过是一种游戏，是一种模仿行为，成人不应以'大人之心'度'孩子之腹'，也没有必要将孩子的这一类问题复杂化。"教育专家表示，对这类小孩子"过家家"的游戏，大人不必过分忧虑。

有教育人士说，在幼儿园里，很多小朋友都向往成年人的世界，觉得很威风、很自由，因此每逢举行时装秀、化装舞会或角色扮演时，孩子们都特别投入。

比如，小孩子喜欢"扮医生"，每个参与者都以"合法的手段""科学地"检查或观看其他伙伴的生殖器。其实他们这样做，并没有什么害处，只是满足了孩子对异性身体的好奇心而已。因此，如今很多幼儿园都安排男女幼儿同用一个厕所、同用一个浴室洗澡，以减少幼儿出现对异性身体过分好奇的现象。

⊙ "性游戏"有利心理健康发展

专家称，从心理学的角度看，对于孩子来说，这些"性游戏"对他们并不会带来什么身心方面的伤害，相反有利于日后性心理健康发展。

如果成人在亲眼看到孩子的"性游戏"后，直接加以干涉，或者对孩子加以责骂、压制和惩罚，使孩子觉得自己做了很坏的事，这样就会对孩子今后性心理的发展产生消极的影响，可能会使他们认为性是罪恶的，通过这种方式得到的快乐是错误的，有这种行为的孩子是"坏孩子"。这种信息可能会妨碍孩子成年后接受和给予性爱愉悦的能力，最后还会干扰他们建立爱情和亲密关系的能力。

妈妈说给孩子的悄悄话

"过家家"游戏有益交往能力

孩子们的游戏主要是学习和模仿。孩子们热爱游戏，是因为他（她）们可以在游戏中发挥自己的想象力和创造力，"过家家"几乎是我们每个人都体验过的游戏。在这种游戏中由男孩和女孩饰演家庭中的不同成员，在"过家家"过程中，他们在用自己的眼光评判父母的对错，表达自己的观点。

有关专家指出，这种游戏对孩子心理和能力的发展有很大好处。具体表现在：

⊙ "过家家"与性别角色的教育有关

给孩子安排在游戏中正确的位置上，让孩子充分地表演。在这一过程中，家长可以了解孩子对自己（爸爸或妈妈）的感受（正确的或错误的），及时地给予指导，即告诉他：做爸爸应该如何、如何……做妈妈应该如何、如何……

⊙ 学会与同龄伙伴相处

在"过家家"游戏中，孩子乐于服众，乐于打下手，也乐于参加到孩子们的家庭中当个小角色。大孩子们当爸爸妈妈，小孩子自然就当孩子，各得其所，乐在其中。在这一过程中，孩子能渐渐学会与人和平共处，得到点滴人际关系的经验，这是十分重要的。目前几乎所有家庭都仅有一个孩子，在家中他们习惯于独占一切玩具。与大人做游戏时大人迁就，不能学会体谅别人。同别的孩子一起玩耍时一不能独占，二要听从吩咐，三要体谅别人，否则会遭人拒绝。孩子们都害怕别人不同自己玩，处处要使自己符合大家的意愿，这种教育是家庭和父母不可能代替的。

妈妈，我有好多问题想问你——儿童成长过程中的"性烦恼"  第二章

⊙ **能更快地适应幼儿园**

有些孩子入幼儿园很快就适应集体生活，另一些迟迟不能适应，问题很可能就在于是否通过游戏已适应了与人交往。因此，父母应有意让两岁半以后的孩子有机会与年龄不同的孩子游戏，请他们到家来玩，或让孩子参加有同伴的群体活动，使他们能短期离开父母和监护人，学会与人交往的初步技能。

⊙ **"过家家"游戏让孩子们学习承担责任**

在"过家家"的游戏中，孩子们将演绎家庭生活的不同片断，养育孩子就是其中的一幕。著名的美国芝麻街节目制作者，曾制作了一套"少年性教育"片，其中就有主持人安排男女少年领养"替代娃娃"两个星期的片断。

两个星期后，这些临时的爸爸、妈妈畅谈自己的感受，有的说"我想我自己是非常热爱孩子的"，有的则说"哎呀，太麻烦了，我以后可不能要孩子"，更多的是体会到"未婚先孕"决不可取。可见，这样的预演，对一个人今后生活的指导，受益匪浅！

⊙ **通过孩子在游戏中的表现，可以及时发现将来可能向不良发展的问题，并给予及时的纠正**

这些问题主要为：

1.男孩强行扒看女孩子的生殖器官。

2.男孩和男孩，女孩和女孩之间扮演生活中的男、女角色。

3.数个男孩与单个女孩扮演夫妻生活或数个女孩与单个男孩扮演夫妻生活。

4.在男孩与女孩扮演夫妻的过程中，"鬼鬼祟祟"东躲西藏，认为自己扮演的事是见不得人的。

……

孩子是家长的一面镜子，通过孩子的游戏，家长可以发现自己的优点和不足，及时修改自己的行为。家长还可以亲自参加到游戏中，如扮演"布娃娃"的爷爷、奶奶，与孩子在游戏中增进感情，教授知识。"过家家"是一

种创造性的游戏,孩子在表演、编排情节的过程中不断地创新,从而促进智力的发育。

"亲亲游戏",孩子情有独钟

4岁的明明在公园里正玩得高兴,看到一个漂亮可爱的小女孩向自己走过来,明明二话不说,兴冲冲地跑过去抱住人家就亲了一口。小女孩一边气呼呼地跑向妈妈,嘴里还一边叫着"小流氓"。女孩的妈妈生气地责骂明明,明明爸爸在非常尴尬的情况下,不问青红皂白就把明明打了一顿。痛哭流涕的明明一脸迷茫,他不明白爸爸为什么打他,阿姨为什么责备他。

面对孩子之间的拥抱亲吻,家长应注意些什么呢?

1.大多数孩子与异性伙伴拥抱亲吻,往往是一种纯模仿性的行为,他们用从大人那里学来的动作语言来表达这种天真的喜爱之情,实际上并不理解这种动作的真实含义,所以家长对此不必过于担忧。

2.切不可把孩子之间的这种现象当做笑料宣传或采取无所谓的态度,这样会促使孩子模仿,以为这是成人赞同的,久而久之,这种行为得到强化,给孩子以后的心理发育带来不良的影响。

3.如果家长发现孩子这种行为后大打出手,大骂孩子"下流",会在孩子的心灵中留下阴影;有的孩子由于逆反心理促使他更频繁地模仿这种动作;有的孩子产生自卑感,从此不敢和异性伙伴游戏接触,导致日后人际交往的困难。

那么到底该如何处理呢?其实,许多外国孩子童年时也常玩这种游戏,因为受到成人及整个社会的正确引导,长大后自然而然地将拥抱亲吻当成一种礼节。

⊙ **正确有效的引导是非常必要的**

1.对待越年幼的孩子越应注意:平时应尽量避免让孩子看到影视画刊中表示性爱的动作;夫妻间的一些亲昵行为,在孩子面前不宜过多过频,避免给孩子一种错觉,以为这是生活的主旋律。另外,到了适当年龄,孩子就应与父母分室而居。

2.对3~6岁的孩子进行适当的性教育,消除孩子对异性的神秘感。这类教育应着重于性别教育,可给孩子讲一些简单的生理卫生知识。

3.成人在孩子的游戏中可适当加以引导,让他们玩更有趣的游戏,转移其注意力,从而逐渐减少玩这种模仿游戏的机会。

4.有的孩子喜欢模仿搂抱动作,但并无恶意,家长可以对他说:"我知道,你抱她是想和她做朋友,不过好朋友手拉手一起玩就可以了,抱来抱去容易摔跤,亲来亲去也不太卫生,还是不要这样做为好。"

5.一般孩子间的拥抱亲吻是情境性的偶发行为,但如果有的孩子经常故意模仿这类行为,父母就要严肃对待,一方面要检点自己的行为,有选择地让他看影视画刊;另一方面要对孩子进行必要的针对性的品德教育。

 孩子们玩的"生宝宝"游戏

妈妈从外边回来,发现女儿正和一群小伙伴玩生孩子的游戏。她躺在地板中间,衣服下塞得鼓鼓的。那个小男孩正举着把玩具刀:"你假装宝宝要从妈妈肚子里出来,我当医生,为宝宝切个洞。"……

妈妈走过去,温和地对他们说:

"快到吃晚饭的时间了,你们都快点回家吧!"

妈妈说给孩子的悄悄话

"我们还没玩完……"

妈妈当时没有说什么,待小朋友们走后,她抱起女儿,向她讲解了生她时的情景:

"……那时,妈妈痛得出了一身汗,像被雨淋湿了一样……"

"妈妈,你太伟大了……"

孩子玩生宝宝的游戏,表明他们开始关注生育的问题,开始用自己的方式为自己解惑。从而,也从探索自己身体的过程中,得知各器官的功能。

如果此时家长粗暴地对待孩子的好奇心,孩子会对人体及生育过程感到神秘。特别是家长对孩子的朋友态度不友好时,还会伤及到孩子的自尊心。

家长完全可以利用轻松的机会——例如在洗澡或准备就寝时,让他看看其他小孩赤裸的样子,指出身体结构上的不同,并且告诉他身体各部位的正确名称,以及随着成长,身体也将改变的原因。在教孩子身体名称时,要注意使用正确的字眼,这比用"嘘嘘"、"嗯嗯"、"小鸡鸡"来得自然贴切。如果你有朋友怀孕了,也可以请她让你的孩子摸摸胎儿的蠕动。可能的话,让孩子看看新生儿,并简单说明婴儿是如何出生的。让孩子在了解正确的生育知识的同时,了解到生产是件神圣的事情。

 性游戏中表现出来的"婚姻敏感期"

今天,威威换上一身崭新的牛仔服,早早地来到幼儿园。他双手捧着一个盒子,对园园说:"我从家里给你带了好吃的巧克力。"谁知园园一副视若无睹的样子,手中起劲地摆弄她的玩具,头也不抬地说:"我才不稀罕呢,我家多得是!"满怀期待的威威大受打击。下午回家的路上,他耷拉着脑袋,

妈妈，我有好多问题想问你——儿童成长过程中的"性烦恼"

有气无力地告诉妈妈："我失恋了！"

不知不觉中，孩子长大了，无师自通地把心爱的东西送给他（她）喜欢的人，而且还懂得用"失恋"这个词。也许他（她）会有以下表现：披着白丝巾在屋里跑来跑去，寻找做新娘的感觉；嫉妒谁和谁玩得欢，走得近；大胆宣称××是我的公主（王子），甚至还要亲嘴、结婚！

孩子的这些举动是不是让你大跌眼镜？你可能会感慨，"如今的孩子真早熟！"不，其实这算不上早熟，只是孩子自然成长的过程。孩子有"失恋"、"结婚"的想法，表明他对性别、自我、异性已有了初步的感觉，进入了"婚姻敏感期"。父母不理解的原因，是自己小时候没有这样"张狂"过，在严格的集体环境中成长，统一纪律、行为规范遏制个性的发展，"婚姻敏感期"没有产生的机会。

孩子对婚姻的探索是从自身开始的情感学习，是真正社会性认知的开始。婚姻和家庭是社会最基本的人际结构，孩子从这里开始探索人和人的关系，并逐渐发展到更复杂的社会关系。此时的孩子对爱情充满了憧憬，对婚姻充满了向往，他正在学习人间最美好的感情。对于孩子来讲，对异性朋友的敏感完全是纯心理、纯精神性的。它使人变得向上、助人、自爱，使孩子经历痛苦和快乐。孩子在认真地投入情感，他已认识到婚姻是人与人之间的基本关系，是最亲密的关系。这一过程使他学会了婚姻最基本的要素：找一位两情相悦的异性，而且没有血缘关系，这为他成人以后的婚姻品质打下基础。

不要斥责孩子"失恋"、"结婚"的想法，许多父母在孩子未定型之前，就一厢情愿地把一些所谓"道德"或"正确"的东西灌输给孩子，这种做法容易伤害孩子的感情，剥夺孩子成长的快乐。

让孩子做一个真实的人吧！当我们坐在电视机前，感叹无比复杂的爱情纠纷，唏嘘"他与她、与另一个她"之间的情感纠葛时，是不是想过，这个问题也许可以在6岁之前得到解决！

妈妈说给孩子的**悄悄话**

⊙ **温和与理解是良药**

对待孩子既可气又可笑的举止，我们完全可以有更温和的解决方法。一个德国男孩郑重其事地告诉妈妈，他要结婚了。妈妈对此没有惊讶、责备，而是耐心地询问新娘是谁？婚礼打算怎么办？需不需要她帮忙？结婚后住在哪儿？靠什么生活？结果孩子一下子明白，结婚并不像他想的那么简单。男孩看上去很可笑的请求，引发了他对婚姻、家庭更深入的思考。这也是教育，而且不留痕迹。

1.不要讽刺挖苦，更不要笑话孩子。无论你觉得孩子要结婚的宣言多么幼稚，父母都要避免开玩笑。虽然孩子对"恋爱"或"失恋"的理解幼稚而天真，但不可否认这是单纯而美好的。如果我们不但不理解还笑话他一通，孩子长大后更会觉得，失恋是一件很难保持尊严和自信的事情。

2.告诉孩子喜欢上一个人是很正常的事，被人拒绝也是很正常的事。这样复杂的内容，也许孩子还不明白，但在感情问题上，从小培养孩子客观、理智的心态并不为过。

3.抱抱孩子、安慰孩子，和孩子聊一聊，了解孩子将来希望找个什么样的伴侣。现在开了个头，长大后再与孩子谈及此类话题就会很自然，因为对孩子的爱情婚姻教育是一生的事情。

4.用其他新鲜事物吸引孩子的注意力，孩子很快就会忘记曾经的痛。

5.不要一个劲地追问，除非孩子愿意谈。父母知道这是个很自然的事就好了，过多的干预可能会造成负面影响，孩子不提，家长也不要提。

正确看待孩子之间的性游戏

对待儿童性游戏首先要有正确的认识,这是儿童性意识发展中的自然而幼稚的表现。不过,也应认识到,男孩玩弄生殖器虽然如同玩弄自己的手脚一样自然,可以拉长和任意弯曲摆弄……但是玩弄性器官所产生的快感,可以诱使儿童形成手淫习惯,这是与玩弄身体其他部位不同的。

有的性游戏反映了儿童模仿周围成年人的生活方式,渴望了解人体构造。对此,既要保护积极求知的一面,又要制止消极的一面。

当发现儿童互相观看裸体,或偷看异性洗澡等行为时,必须马上制止,但不要大声呵斥,而是应心平气和地耐心告诉孩子为什么不该这样做。教育儿童应该有恰当的引导方法:

1.转移注意力。如发现婴儿玩弄生殖器,便可用玩具转移其注意力。七八岁的孩子如仍有玩弄生殖器的情况应积极寻找原因,如有尿意,可劝告孩子上厕所;要注意是否裤子太窄太紧,或是否有皮炎、尿道炎等病症。

2.扩大兴趣。丰富孩子的精神生活,培养兴趣爱好,如唱歌、弹琴、画画、练书法、做体操、打球等,孩子就自然地不会把兴趣只集中在人体方面。

3.如出现有关性的问题,应尽量给予合理的答复,在实践中尝试运用各种引导方法。

4.要重视预防性侵袭。当儿童与年长者玩耍时,要注意极个别品行不端的年长者将儿童作为性玩弄对象,他们有时侵扰同性,有时侵扰异性。

孩子们眼中的爱情其实是这样的

什么是爱情？整天困惑于其中的成年男女，不妨看看小孩子眼中的爱情和婚姻是怎样的呢？一组5～10岁的小孩给出了自己的答案。或许答案貌似傻傻的，但是……谁说小朋友就一定不懂事？

⊙ 两个人之间的爱情是怎样发生的呢？

我听人说，这和身上的味道有关。大人们都很喜欢用香水。——简，9岁

我想大概会被一支箭之类的东西射中吧……应该不疼的。——哈伦，8岁

⊙ 爱上一个人的感觉会是怎么样的？

会像发生了雪崩，你得拼命地向前跑，不停地跑。——罗杰，9岁

如果会像学拼写那么麻烦，我可不想试，太花时间了。——里奥，7岁

⊙ 合适的结婚年龄是多少岁？

84岁吧。那时候什么也不用做，有好多时间彼此相爱。——朱迪，5岁

等我读完幼儿园，就得开始考虑为自己找个妻子。——汤米，5岁

⊙ 怎么判断在餐厅里吃饭的两个大人是不是在恋爱？

看看是谁付钱。谈恋爱的男人都愿意付钱。——约翰，9岁

恋爱的人总是我盯着你你盯着我，吃的东西都凉了。——布拉德，8岁

恋爱的人准会叫甜品……他们心里准是很甜的。——克里斯汀，9岁

⊙ 为什么恋人们总是手牵手？

是怕戒指掉下来吧。那些东西很贵的。——大卫，8岁

⊙ 要成为一个好的爱人，应该有什么条件？

起码得会签支票。就算你有好多好多爱，也得付好多账单。——爱娃，8岁

妈妈，我有好多问题想问你——儿童成长过程中的"性烦恼"  第二章

⊙ 怎么让别人爱上你？

告诉她你有好多糖。——阿朗佐，9岁

请她吃饭吧。一定得是她喜欢吃的东西。我自己就很喜欢吃法国菜。——巴特，9岁

⊙ 外表重要吗？

如果你希望一个不是亲戚的人爱上你，当然是长得漂亮点好。——珍妮，8岁

外表并不是最重要的。我长得应该算不错了，可是没听说过有谁想嫁给我。——加里，7岁

外表是不能持久的。你有多少钱才最重要。——克里斯汀，9岁

⊙ 愿意恋爱吗？

我还是很希望和人谈恋爱的——只要别是在电视放《阿森一族》的时候。（注：《阿森一族》是美国很受欢迎的动画片）——安妮塔，6岁

就算你想躲起来，爱情也一定会找到你的。从5岁起，我就常常想藏起来不让人看见，可是那些女孩老是能找到我。——波比，8岁

⊙ 当一个人说我爱你的时候，心里想着什么？

她没准在想：爱是爱，不过最好他能勤点洗澡，至少一天一次。——米歇尔，9岁

⊙ 人是怎么学会接吻的呢？

多看点肥皂剧一定有好处。——凯琳，9岁

⊙ 应该在什么时候亲吻自己喜欢的人？

除非我有足够多的钱，买得起结婚戒指和摄像机，否则我不会去吻一个女孩子。因为女孩子们总是想把结婚那天录下来。——吉姆，10岁

我可不想在别人面前这样做，会很害臊的。不过如果没有别人看见，我可以考虑亲一个好看的男孩……一两个小时就够了。——凯丽，9岁

⊙ 爱情怎样才能持久？

多花一点时间，不要老是想着上班。——汤姆，7岁

别忘了她的名字……那样会把事情弄糟的。——罗杰，8岁

接吻的本事很有用。就算你忘了清理垃圾，她也会原谅你的。——兰迪，8岁

你看，孩子们眼中的爱情就是这样的单纯和简单。在孩子们的心中，对爱情都有一套自己的看法。爱情作为人世间一种圣洁的情感，在孩子的教育中是不能被排除在外的。爱情是人类正常、美好的事情，做父母的应该理解这一点。孩子渴望通过游戏与异性朋友交往是正常的。对于这种状况，妈妈有责任和义务尊重孩子的感觉，并且应该对孩子进行正确的引导，帮助他们树立正确的爱情观和婚姻观，而逃避的态度是最不明智的选择。

我是男生，你是女生——让孩子认识到男女有别

第三章

第一节 我是小小男子汉

 幼男性身份和性角色的特点

性身份就是一个人的性别身份，是一个人感到自身是男是女的方式；而性角色则是性身份被人所描述或者被自身所证实的方式。一般性身份在生命的最初三年就已确立，幼儿能够识别自己是男还是女。同时，他们在家庭和周围的环境里开始意识到自己的性角色，也就是自己应该扮演男性还是女性角色。

幼儿对性的认识受到父母、社会教育和文化熏陶的影响，其中包括父母亲对子女的态度、同龄儿童之间的相互影响以及幼儿自身的个性因素。

通常在18个月至3岁之间，男孩更多地意识到他们自己和其他人的衣着打扮上的差异，慢慢地了解了自己的性身份。比如，自己头发比女孩短，而且穿的衣服不如女孩的鲜艳，喜欢玩枪、车等玩具，这就可以从一个新的方面识别性身份。

到了3岁或更早一些，幼儿在家庭和周围的环境里开始意识到性角色，父母的态度及他们与孩子的关系对性角色的识别起着重要作用。如果父母不能恰当地打扮孩子，或者硬要按照自己的性别愿望打扮孩子，男扮女装，甚至将男孩当女孩抚养，在取名、购买玩具、与幼儿谈话，对其行为要求以及做游戏中不能以幼儿正常性角色去强化，最终会造成孩子性角色识别障碍，成年后往往导致性变态。

我是男生，你是女生——让孩子认识到男女有别 第三章

 幼男性欲和性心理的发育

幼儿性欲和性心理的发育过程，一般经过"肛门欲期"和"性器欲期"。孩子从8个月至3、4岁为幼儿性心理发育的"肛门欲期"。这一时期，幼儿喜欢玩弄大便，喜欢摩擦肛门，大小便时总爱磨蹭。断断续续不愿很快结束。如果平日的大便行为很自然，很顺利。而且并没有便秘，则这种由肛门造成的快感的机会并不多。否则，排泄的行为势必引起一种通畅与愉快的感觉，日久天长就会成为一种习惯。

幼儿3~6岁是性心理发育的"非性爱的异性好感期"，也称之为"阳具崇拜期"。这个时期，幼儿已具有初步的性别意识，知道男女性别角色，并发现男孩和女孩性别上的区别。男孩常因为有小鸡鸡而感到自豪、得意，常喜欢光腚和玩弄小鸡鸡。这一阶段，男孩的性器欲并不强烈，它常常和父母的亲情混在一起，在与父母的亲切感情之中带有性的意念。男孩常常偏爱母亲，极端者甚至想独占母亲而仇视父亲，称之为"恋母情结"。如果幼儿时期的这种恋母情结太深，不能及时割断，会有碍于幼儿性欲和性心理的健康发育。

妈妈说给孩子的悄悄话

 幼男性心理发育特点

　　幼儿性心理发育具有两个特点，即自发性和好奇性。人们常常看到3~4岁的男孩用手摸阴茎，这并没有性目的，而是一种自发现象。小男孩还常常观看和触摸其他同性或女孩的生殖器，或裸体向小女孩显示生殖器，甚至进行性接触游戏，这是好奇心的驱使。随着年龄的增长，自我意识的产生，小男孩开始意识到自己的性身份和性角色。尤其是当发觉男孩与女孩的性别差异后，他们就会有意识地表现出对性的好奇和关心，也就会不断地提出各种关于性的疑问。例如"为什么我是男孩而蓓蓓是女孩"、"为什么阿姨会生宝宝而叔叔不会"等等。

　　父母可以告诉孩子男女两性不同的生理构造，男女生殖器的正确名称，让他们知道自己为什么是男孩。对于年幼的儿童，可以让他同父母一起洗澡，使他们从小就认识异性成人裸体的形态从而减少好奇心理。向男孩介绍男女两性从儿童长成大人的基本的生理变化，如自己将来会长成身材魁梧的男子汉，让儿童既了解男女两性的区别，也知道小孩和成人的差别，在此基础上，引导儿童产生对性别角色的认识。

　　家长应满足小男孩的这类好奇心，对性疑问要坦然地回答，不要随意搪塞，甚至回避，否则，不健康的性意识也就会由此形成，从而导致了以后成长中的性困惑、性神秘和以至于性罪错的产生。

　　家长要利用孩子的好奇心，进行合理引导，打破性的神秘感，这对婴幼儿的性心理的健康发育是非常重要的。

我是男生,你是女生——让孩子认识到男女有别 第三章

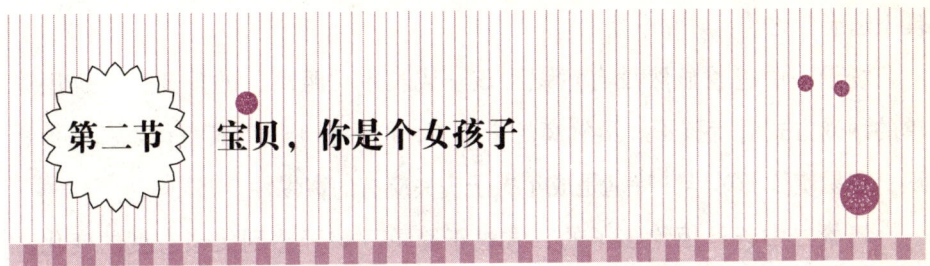

第二节 宝贝,你是个女孩子

 我要和爸爸一起洗澡

爸爸拿着衣服准备进浴室洗澡,4岁的敏敏跑过来抱住爸爸:"总是妈妈帮我洗澡,今天我要和爸爸一起洗。"

⊙ 场景一:

"那今天我来给小宝贝洗澡吧。"

⊙ 场景二:

"别闹了,等会你和妈妈一起洗。"

"原来爸爸都给我洗澡呢,是不是不喜欢我了。"

⊙ 场景三:

"女孩的身体有很多小秘密,不能随便给别人看,特别是不同性别的人。爸爸要尊重敏敏,不能和敏敏洗澡了。"

"来,妈妈等会儿和敏敏一起洗澡,顺便说说我们身体的小秘密。"

父母和孩子的亲子之爱,本应是亲密无间的。但随着孩子年龄的增长,异性家长应在某些方面逐渐和孩子保持适度的距离,帮助孩子建立正确的性别意识和身体隐私意识。在这一过程中,家长要注意方法,尽量使孩子在心理上适应变化。

场景一中爸爸显然没有意识到孩子成长中"距离"的重要性,仍用简单的溺爱方式对待孩子。虽然满足了孩子,但不利于培养其身体隐私保护意识,容易使孩子对异性特别是成年男子丧失应有的警惕性。

场景二中爸爸拒绝孩子的方式过于简单。孩子感到父亲态度的变化,却不知道所以然,很难在心理上顺利过渡,而且还可能会对亲子之爱产生怀疑。

场景三中爸爸先让孩子简单地了解男女的性别差异,建立起初步的身体保护意识,然后向孩子点明不能一起洗澡的原因。这样一来,孩子不会因为受到拒绝而感到委屈,还能体会到大人对自己的尊重。最后,作为同性家长的妈妈,也对孩子表示了关注,进一步缓解她的情绪,然后趁机给孩子进行更具体的性教育。这样的配合方式,是值得其他家长学习的。

女孩和男孩是不同的

女孩的大脑决定了她既然是女孩,就和男孩有许许多多的不同,也决定了我们对女孩要有不同的教育。

我们总是听到人们关于"男女都一样"的论调。但当我们真正地了解了女孩的大脑发育后,就会知道,为什么她们被称为女孩,因为她们真的和男孩不同,她们是有着自己独特的性别特征的。

你知道吗,女孩的大脑从右向左发育得更快。我们的女儿在胎儿时期18周大的时候,所有的脑细胞就已经开始生长了。和所有人的大脑一样,女孩的大脑也分为3个部分:大脑皮质、边缘系统和脑干。所有的大脑都是右半球

我是男生，你是女生——让孩子认识到男女有别  第三章

先发育，然后是左半球。但不同的是，男孩和女孩大脑的发育有很多方面的差异，这也就形成了女孩们天生的优势。

首先，女孩的大脑从右向左发育的速度比男孩快。大脑的左半球是语言中枢，所以，我们知道，女孩通常能比男孩更早、更生动、更流利地使用语言。一般男孩到4岁半才能讲清楚想要表达内容的99%，而这些，女孩在3岁时就能做到了。到了16岁的时候，女性联系着大脑的左右半球的神经纤维——胼胝体比男性大25%，使女孩的左右脑半球交流更多，更容易用语言表达情感。

女孩大脑中负责语言和写作的区域也比男孩更活跃，所以女孩能使用更多的词汇表达自己的意思，写作也更生动、细腻，这就是为什么上学的时候女孩的作文通常都比男孩写得好的原因。

其次，从大脑构造来说，女孩大脑皮质的枕叶比男孩发展的更快速，这使她们有更强的光敏感度，更容易接受感性材料，对噪音更敏感，更容易辨别出父母的声音，更能准确地读懂别人脸上的表情，即使这些表情是很细微的；女孩的额叶比男孩的更活跃，所以女孩在遇到事情的时候更能全面地考虑结果；女孩的丘脑比男孩处理数据的速度更快，比男孩处理情感信息更快，因此男孩比女孩更容易处于危险的处境；女孩前额叶的基本发育比男孩早，所以同龄的女孩比男孩更成熟；女孩的顶叶比男孩能接收更多的数据，而顶叶与触觉和痛觉有关，所以她们对痛觉更敏感，也更喜欢长时间的身体接触；女孩颞叶上的神经连接比男孩更强，使她们有更大的记忆储存量和更好的听力；女孩的大脑比男孩的大脑分泌更多的5-羟色胺，所以她们比男孩更安静；女孩的大脑比男孩分泌更多的催产素，所以女孩更懂得照顾别人，更喜欢玩洋娃娃。

再次，女孩有更多的听觉、味觉和触觉，比男孩有更感性的内心世界；女孩大脑中有更多边缘皮层的连接，这使得她们不易冲动，有较集中的注意力，听力也更好；女孩有更好的记忆力，这是因为女孩大脑中的海马趾比男孩大，它的最大功能就是储存记忆，而且女孩的海马趾中神经元的数量和神

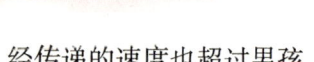

经传递的速度也超过男孩。

这就是女孩在大脑发育上与男孩不同的地方。

在这个提倡人人平等的时代，一些男孩女孩出现了混淆性别特征的所谓时尚做法。有的女孩手里夹着香烟，口吐脏话，没有女孩该有的优雅可爱，完全不顾及周围人的感受，她们认为这是一种酷的表现。这些女孩的做法，一方面是受社会不良风气的影响，另一方面则与父母对女孩的教育有关。

女孩就应该有女孩的样子，也就是我们所说的女孩应该具有温柔、善良、优雅的气质，应该区别于男孩，具有自己独特的美。有人或许会说，这不是提倡把女孩变得懦弱没有个性吗？这不是取悦男性吗？当然不是！因为女孩天生就具有柔美灵动的特质，她的眼神很动情、她的声音很动听、她的身体线条很优美，这都是她们独有的魅力，是最珍贵的宝藏。

我们有什么理由不去开发女孩的潜质，让她更美、更受人们的欢迎呢？

亲爱的妈妈们，您知道您的女儿最需要的是什么吗？

首先，您应该关注您的可爱女儿的几个成长关键期：

第一个时期，是您的女儿出生以后到5岁以前这段时间，此时是大脑发育的重要阶段，她的大脑边缘系统日趋成熟，会有越来越多的感性信息出现在她大脑的四大脑叶。两岁的时候，遇到不顺心的事情她可能会发脾气，但到了五六岁，她就已经学会了控制和思考，甚至开始用语言来表达自己的想法了。

基础打好以后，您的宝贝女儿就开始建造她们大脑的巨大房子了，这就是第二个关键期，也就是女孩10~12岁的时候。这个时候，您女儿的大脑额叶生长的速度几乎和婴儿期一样快，这会使她能更好地学会新技术、吸收新观点、掌握新的能力去思考甚至与您争论。但妈妈们要注意了，这一时期，由于激素的作用，您的女儿开始进入自信心下降的阶段。

一个女孩在10~12岁时所经历的人际关系、亲情、体育运动、美术和音乐活动以及一些理论知识将会在她以后的生活中得以保持，而相反的，这个时期所没有经历过的事情，她以后会做不好是很可能的。

我是男生,你是女生——让孩子认识到男女有别  第三章

这个年龄段的女孩如果在一个单纯的环境中成长,拥有温暖的关爱,那么她们会更坚强,更有竞争力,更少神经质,会拥有更多积极向上的品质。

其次,妈妈们需要帮助自己的女儿更清楚的认识"我是谁"。

无论女孩处在她成长周期里的哪个阶段,无论她生活在世界的哪个角落,女性荷尔蒙的周期都是那么灵敏,而这些对女孩的个性、情感、道德、精神和身体发育都有着非常重要的作用。这也正是女孩的神奇之处。

女孩的生命之树是下丘脑——脑下垂体——卵巢的信号传递。卵巢将很多雌性激素传递到女孩的血液中,女孩的能量循环信号就沿着这个系统而运转。每个月的生殖周期控制着雌激素、孕酮、催乳激素以及其他激素的流动。

这些因素会使得女孩没有男孩那么具有侵略性,她们会比男孩更容易哭,更容易成为饮食异常的受害者,更容易屈服于来自外界和同龄人之间的压力,同时她们和男孩在处理家庭关系和浪漫关系的方面有不同的方法,也有不同的交流模式。这时候妈妈应该帮助您的女儿认识到,她之所以具有这些特征,并不是她自身的异常,而是由女孩的生理构造所决定的。

再次,妈妈们应该懂得自己的女儿渴望关爱和友谊等亲密情感,这是她们的天性。

这是因为女孩和男孩相比,她们的大脑血液循环不同:

流经女孩大脑的血量比男孩的多15%,而且流经的区域也不同,流速也更快。女孩比男孩的大脑有更多的活跃区域,她们比男孩注意更多的人,集中注意力的时间更长。因为女孩的大脑不停地活动,她们急需获得在人际交往、亲密情感方面刺激的增加。这也使女孩在创造复杂、亲密的人际关系上占优势。另外,女孩大脑的语言中枢比男孩大1/3,这使得女孩更善于言辞;女孩的胼胝体比男孩大1/4,这使得她们能更得心应手地处理好复杂的人际关系,也能在同一时间处理更多不同的任务。所以,男孩喜欢单独工作,而女孩喜欢一起工作。

女孩大脑的色带环绕的脑回的活性比男性强,催产素会产生更多的"怜

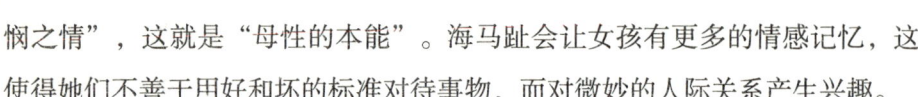

悯之情",这就是"母性的本能"。海马趾会让女孩有更多的情感记忆,这使得她们不善于用好和坏的标准对待事物,而对微妙的人际关系产生兴趣。

同时,雌性激素对女孩的感情生活也有着重要影响。它控制着情绪的稳定、思考的过程、理解力、记忆力、个人的动力、亲昵行为的动机、爱好、焦虑以及如何处理外来的压力和性冲动。孕酮和雌性激素相互对抗,使雌激素有受孕功能,像女孩喜欢小孩、小动物就是孕酮的作用。另外,女孩体内也有睾丸激素,但只是男孩的1/20,所以女孩不具有男孩的侵略性,更容易受抑郁症的折磨。

女孩的月经周期对女孩本身也有很大的影响。一般月经来临的两个星期里,女孩的情绪比较稳定,随后雌激素在上升后突然降低,这对大脑是一个损害,是女孩进入情绪低落期的原因,这时候她会感到孤独,心情会一落千丈。而后的排卵期和排卵后期是女孩的最佳状态时期,随后随着雌激素水平下降,她会经常生气、神经过敏、悲伤、失望、缺乏自信,让你觉得她的大脑短路了。

因此,你应该明白,女性荷尔蒙的循环周期导致女孩的情绪天生就变化无常。她们需要家人、朋友一起帮助她们。

所以,当女孩哭泣的时候,我们要紧紧地拥抱她们;当女孩想说话的时候,我们就与她们交谈,耐心地听她们倾诉;我们要给女孩最高境界的耐心、最好的见解、最无微不至的关怀,要重视女孩对亲密关系的需求,也要重视她们的情绪变化;我们要经常给她们小礼物、温馨的卡片以及拥抱、友谊等。

健康的女性群体和健康的狼群有相似的精神特性:敏锐的感觉,好动的精神,对爱的高度包容,拥有高度的忍耐力和力量,对关系到她们孩子、同伴和团体的事情有着强烈的直觉。因此,妈妈们,我们的女儿和男孩是不同的你们了解了吗?

女孩的生理特征

女孩和男孩具有不同的生理特征，这是人们都知道的。

那么你知道这种生理差别对女孩都有什么影响吗？

由于雌性激素、大脑结构、基因的差异，女孩的发育比男孩早，然而理性思维却比男孩差，体力也无法和男孩相比，因而女孩倾向于从事较轻、较感性和细腻的工作。

女孩的生理发育特点使得她的语言表达能力比男孩强，因而她的话语更动听、思维更灵敏，同时，她时刻不忘寻求安全感，对父母有很深的依赖心理。

女性的生殖器官有内外两部分，内生殖器包括阴道、子宫、输卵管、卵巢等；外生殖器包括阴阜、大小阴唇、阴蒂、前庭和会阴。这些器官在青春期前发育非常缓慢，几乎处于静止状态，但进入青春期后，在雌性激素的作用下，内外生殖器官迅速发育，并与其他器官共同进入成熟阶段。随着性发育的成熟，女孩会出现月经周期。

第一次月经是女孩进入青春期的重要标志之一，一般发生在9~12岁之间。月经初潮的早晚与气候、生长环境、生活水平、营养状态有关。女孩第二性征发育主要表现在乳房、阴毛、腋毛的发育。女性除了体态特点外，乳房是青春期发育最早、最明显的指标。

女孩在10~12岁的时候，她的乳晕增大，随即乳房也开始膨起增大，同时声音也变得尖细。阴毛出现的年龄多数与乳房开始发育相近。有些女性腋毛与乳房开始发育的时间间隔很长，甚至在乳房开始发育的中后期才出现。

妈妈说给孩子的悄悄话

这也是正常现象，因为腋毛的出现一般在阴毛出现半年到一年以后。

伴随着这一系列特有的性变化，女孩的脂肪在皮下沉积，这使女孩子的身体轮廓丰满圆润，对男性产生了性吸引力。这个阶段的许多女孩子会感情混乱，她们既想炫耀自己的身体，又不想引人注目。到了青春初期的后来，她们一般都能理解自己身体所出现的性特征。而且在内分泌的影响下，她们的性兴趣也得以提高；但如果她们一直禁锢在性欲是堕落、有罪或下流这样的观点中，或者她们对有关"正派"女孩子的观点根深蒂固，那么，她们的性兴趣便会受到压抑。

这些使得青春期的女孩子们一边既向往着长大成为有魅力的女人，同时却又怀有恐惧，老是想停留或返回到儿童时代，以逃避正在面临进入女性期的现实；另外，她们既希望得到男孩的喜欢，同时却又害怕不受欢迎，或者害怕被认为是卑贱、厚颜无耻的。这种情况也是很矛盾的。

正是这些情感，使得女孩子在进入青春期之初常常精神紧张。她们希望努力适应身体的变化，适应月经的出现，适应提高了的性兴趣，并或多或少地适应自己想被男孩子所喜欢的愿望。女孩子就是这样引人注目地迅速进入性欲的竞技场，这与男孩子是不同的。

也许，女孩子的生理冲动比较强烈，会令家长感到不安，而在孩子青春期结束前，甚至有可能引起家庭冲突。她过去与父亲的良好关系会变坏，因为父亲想干涉她的行动；但最为激烈的斗争，却常常是在她与母亲之间进行的。而在某些家庭中，种种矛盾会是非常痛苦的，女孩子不但受到父亲的体罚，还被母亲责骂为放荡、卑劣无耻。

许多女孩子在成长过程中，会在某个阶段公开反抗，对母亲表明自己内心的不满。而在这场对抗中，如果家长"赢"了，女儿以后的发展就会受到损害，但更危险的是，她们会以脱离家庭作为取胜的方法，甚至仅仅为了使父母恼怒而过早地告别自己的处女时代。

有关专家认为，女孩子们的这种做法，其实只是为了寻求男子的爱来代替失去的父母的爱，当女孩子们有这种行为的时候，她们中的大多数在潜意

我是男生，你是女生——让孩子认识到男女有别

识里只是想惩罚自己的母亲，比如，她们竭力想让父母知道她们已不再是处女了。不过，这种种反抗行为更多的是在沉默中进行的。

当您的孩子开始出现这种情况，开始学会反抗的时候，您最好尽力去理解处于青春初期阶段的女儿的愿望和畏惧，尽量避免出现公开对抗的局面。很明显，如果一个女孩子在开始她的青春期生活时，能有一个支持她的家庭，那对她的成长来说是再好不过的了。如果这个家庭能使她信赖，让她觉得她的家人是爱她的，那么她就会回报家人的爱与信赖。

家长们应该明白，其实没有多少女孩子是真正想使父母伤心与烦恼的。

由于女孩子在青春初期遇到的种种矛盾冲突，以及她身体出现的种种变化，她们的情绪多变就不难理解了。这也是很多女孩子无法十分顺利地度过这个时期的相当重要的原因。成年女性的许多精神性疾患，其实都可以追溯到她们的青春初期，那个时候，如果她们缺乏处理好女性角色的能力，那么成年之后在生活的各个方面都会受到影响。而对于男孩子，同样在性成熟期会突然出现一系列明显的精神疾病，如神经官能症、抑郁症或精神分裂症等。

家长朋友们应该注意，一些女孩子由于渐渐长胖而产生神经性厌食，以至于造成月经停止，乳房无法正常发育，这样，她们便退出了青春初期阶段，返回到儿童时代去了。这些女孩子们就会像彼得·潘那样，永远也长不大。有的女孩子会变得过分专注于理论工作、宗教或动物；有的女孩子为发泄自己的烦恼，会在性生活方面变得不检点；有的女孩子则试图勾引年龄较大的男子，而有时，这些男子正好是她们父亲的对立者；还有一些，尤其是在童年早期与母亲关系不好的女孩子，会暗中盼望返回儿童期，以"解决"这个问题，但她们往往会在相反方向上过度反抗，而不加思索地加入到对性和酒精的追求中去。

由此可见，女孩子们的生长发育期多么的重要，它往往可以影响我们女儿的一生。

妈妈说给孩子的**悄悄话**

 女孩的心理特征

恩格斯曾把人的心理活动誉为"地球上最美的花朵",而在这其中,女性的心理活动则是花中之冠。

女孩心理特征最突出的表现是比男孩富于感情。这是因为女孩的神经系统具有较大的兴奋性,对任何刺激反应都比较敏感,无论是愉快的或是厌烦的,都能够通过表情和姿态表达出来,如脸红、哭、笑、发怒、喊叫等;同时,女孩比男孩更容易接受暗示,各种形式的催眠术对她们比较容易成功,因此女孩容易被迷信活动所迷惑;女孩因其母性的本能,大多心地善良,富于同情心、怜悯心和爱心,她们往往在慈善事业和人道主义活动中做出卓越的贡献;爱美是女孩的天性,她们举止文雅,动作妩媚,富于女性特色,所以在社交活动中受人喜爱,她们的形象思维强于男性,适于从事音乐、戏剧、美术、舞蹈、唱歌等艺术工作。

由于生理因素的影响,女孩喜爱与人交流,特别在意别人对她的看法。随着年龄的增长,她开始逐渐渴望得到异性的欣赏。女孩因为具有敏感而细腻的特质,自尊心也很强,同时情绪波动比较大,因此有时难免任性、发脾气,这些特征都和女孩自身的生理结构有关系,而这些因素也使女孩较之男性更缺乏理性的思考,容易受到伤害。

玲玲和亮亮是一对龙凤胎,妹妹玲玲非常喜欢和哥哥亮亮一起玩耍,一天,哥哥因为妹妹抢夺自己的玩具而打了她,这让妈妈非常气愤。妈妈说:"亮亮,你是哥哥,应该让着妹妹!"亮亮委屈地说:"可是她只比我小几秒

我是男生，你是女生——让孩子认识到男女有别 第三章

钟！"而玲玲则一边哭，一边说："我是妹妹，你就应该让着我。"

男孩让着女孩已经成了人们的思维习惯，其实孩子并不是天生就这样认为的。但因为女孩从小就被有意识或者无意识地灌输了这种思想，所以长大以后她总会渴望别人能够让着她，迁就她。如果在自己的亲人、朋友面前，发发脾气，使小性子，大家还都会包容她，但如果在陌生人面前也这样做，受伤害的只能是女孩自己。所以在对自家的女孩子进行教育的时候，父母应该特别留意这些。

对女孩来说，性别错位是指家长忽视女孩的本质特征，把女孩当做男孩养，从而使她的行为方式带有过多的男性特征。

从心理学的角度来说，一个性格极度温柔的女孩，往往具有软弱、过于依赖男性、矫揉造作的性格特点；而性格刚柔相济的女孩则更自信，更善于抓住机遇，心理承受力强，因而心胸开阔，具有好人缘和不怕挫折的精神。但是，任何事情都要把握好一个度，如果过分强调女孩性格中的阳刚气，也会给女孩带来不利的影响。

小清本是一个眉清目秀的小姑娘，但父母喜欢男孩子，于是从小就把她当男孩对待，不仅通过穿衣打扮把她包装成男孩的样子，还鼓励她像男孩一样摸爬滚打、跳上跳下，甚至不在意她说脏话，行为粗鲁。小清父母这样做就是为了让她长大后能像男孩一样刚强，不会受到别人欺负，成为生活中的强者。可是小清的爸爸妈妈不知道的是，虽然表面上小清习惯了把自己当成男孩，但她内心却非常排斥男孩，她更喜欢和女孩接触，尤其喜欢在女孩面前表现自己，可是后来，慢慢的她逐渐习惯了穿男孩子的衣服，就连上厕所都要在人少的时候去。这种心理甚至影响了她一生。

父母对女孩的早期培养非常重要，父母的态度会影响女孩的思维方式和行为特点。在教育女儿的时候，不要太在意女孩生理方面的弱点，或者因此

就过分强化她们的阳刚性格。这样对孩子是不利的。

女孩适当地具有一点阳刚性格的确会更坚强，但过犹不及，父母如果过分灌输这种意识就会扭曲女孩的性格，使她在青春期和成人后产生一系列不必要的苦恼，甚至严重的性别错位容易使女孩成人后性取向发生改变，同时，社会舆论的压力也会使女孩痛苦不堪。

预防和纠正女孩的性别错位问题是父母不可忽视的责任，父母应该尊重女孩、爱护女孩，不但要从内心真正认可男女平等的观念，还要根据女孩的性别特征给她进行正确的定位。

小芳生活在农村，那里的重男轻女的思想十分严重。但是小芳非常幸运，她开明的父母没有歧视他们的女儿，相反却很疼爱她。有人劝他们再要个男孩，却被他们拒绝了，于是，家里的老人又劝他们把女儿当男孩养，这样以后才不会受人欺负。

但是小芳的父母依然没有那样做，他们告诉小芳："我们的小芳和男孩子一样珍贵，而且你的学习比他们好，歌唱得比他们好听，爸爸妈妈都喜欢你。"此外，他们还鼓励小芳养花、养鱼，支持她玩女孩子们喜欢玩的游戏。小芳长成了一个活泼可爱让人喜欢的姑娘。

纠正女孩的性别错位不仅体现在对孩子穿着打扮的注意上，还体现在人们深层的意识形态上。给女孩充分的关爱，让她们充满自信地生活是父母们首先应该做到的。

青春初期的女孩子必须接受自己内分泌和身体变化所赋予她的新角色任务，而与这些变化同时出现的，还有她们在心理和情感上的相应变化，这些变化有时是互相矛盾的，并且，是难以解决的，我们的宝贝女儿们可能还没有完全做好准备去迎接这种变化。但是女孩子的大部分问题并非来自这些变化本身，而是来自由这些变化引起的冲突及后果，也就是说，问题的中心是性行为出现的变化。

我是男生，你是女生——让孩子认识到男女有别 第三章

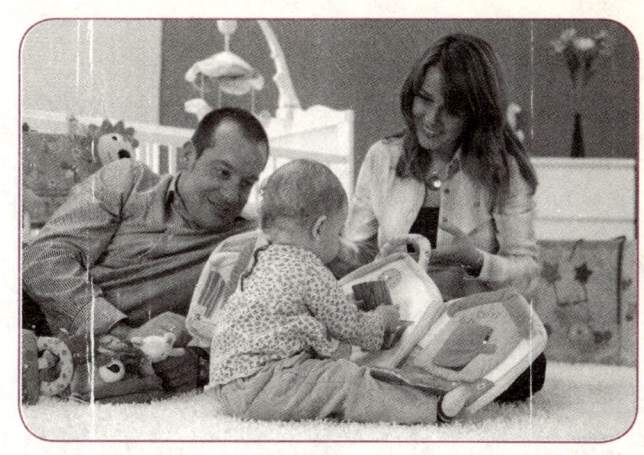

在青春期的时候，女孩子或接受、或无法接受自己是有性欲存在的这个事实。这远非只是要认识到自己很可能会生育孩子的问题，她还必须认识到自己有各种性兴趣、意愿、渴求和快感，她必须意识到她的生活再也不会保持以前的模样了，既然现在已经走进了性的竞技场，她就必须与其他人一道去把握机会。

青春初期女孩子的性妄想通常是相当模糊和粗糙的，而且往往涉及脱光衣服、卖淫和强奸等过激的行为。这个年龄的一些女孩子，为寻求刺激而到处搜集有这些内容的报刊、书籍，有的女孩子还与学校里的同学讨论她们的发现，希望别人能理解这些东西，而且，这个年纪的女孩子往往会以为自己已经是性专家了，因而对家长及老师教给的性知识采取拒绝的态度。但父母应该理解，这是完全正常的过程，并不需要过于担心，只要采取适当的引导措施即可。

性妄想如果被看做是可憎的东西，那么就有可能受到压抑，而那些涉及父亲或与父亲类似人物的性妄想，几乎总是受到严厉压抑的。许多女孩子极力控制甚至是过分地控制自己的欲望，使得她们的行为常与她们的真正愿望刚好相反。例如，真正想亲近和爱自己父亲的女孩子，在这个阶段偏偏会避开与父亲的接触。对此，爸爸妈妈们也应该有正确的认识。

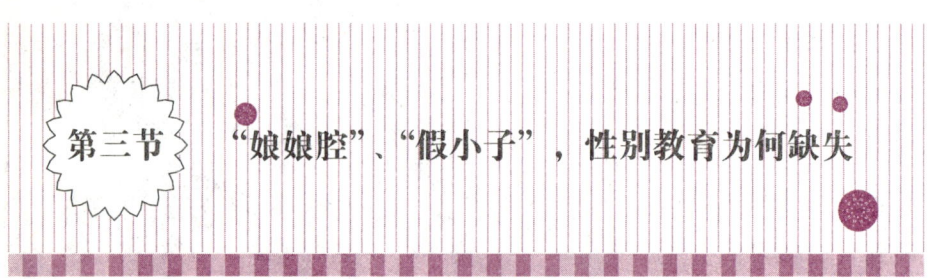

第三节 "娘娘腔"、"假小子",性别教育为何缺失

 性别教育中,父母存在的误区

"是男孩还是女孩?"经常能遇到人们这么询问襁褓中的婴儿。其实,不用询问,也不需打开襁褓,仔细观察一下就完全可以分辨出那是个男孩子还是女孩子,甚至可以这么说,男孩女孩自打出生起就已存在着差异。这种差异即使不受到社会环境的强化,也会越来越明显。到了3岁前,男孩子喜欢冲冲杀杀地狂奔猛跑,女孩子则喜欢摆上小碗小盘的玩过家家。男孩女孩与生俱来的天性是一目了然的。

但是,孩子的心理状态也受着后天教化的重大影响。父母常常会自觉不自觉地对孩子的性别认识进行强化教育,使孩子更加"男性化"或"女性化"。譬如,我们总是褒奖男孩子的勇敢、果断、大度的行为;表扬女孩子温柔、善良、文静的举止。孩子就会对自己性别角色具有良好的认识。反之,对男孩子,父母却欣赏他依恋、腼腆的表现;对女孩子,父母一味鼓励她争斗、不羁的性格,就可能影响孩子对自己性别角色的正确认识。如果父母再在装扮上让女孩子总是一身"戎装"或长裤制服,却把男孩子打扮得"花枝招展",甚至还给他涂脂抹粉,那将扭曲了孩子正常的性心理,严重的还会使孩子日后发生性倒错。

有些家长认识不到性别教育的重要性,认为这么点的小孩子懂得什么?

我是男生，你是女生——让孩子认识到男女有别  第三章

他们凭自己对男孩女孩的偏爱，对孩子进行与生理状况不符的性别教育及装扮。强把女孩当男孩，硬当男孩为女孩。这种做法虽然可能是闹着玩的，但却会引起孩子心理和人格的变态、畸形。给他今后的生活带来一系列的困扰乃至留下心理创伤。所以，这种作法是错误的。

有些父母明白这个道理，但却不知道孩子在3岁前对自己性别的认识还是模糊的这一现象，他们常会焦虑地询问："这孩子怎么搞的，问他男孩女孩，他尽瞎答，明明是男孩，说自己是女孩，还把我的发夹带到头上对着镜子看。"或"女孩子怎么喜欢玩枪呀车的呢？"其实，这些现象都是正常的，是孩子出于好奇所致。这些孩子在其他表现上依然具有鲜明的"本性"特点，完全不必着急。我们只需告诉孩子正确的答案，并且告诉他自己性别的优越性，孩子都会"乐意"地"接受现实"的。比如，男孩说："我是女孩，女孩穿裙子。"那是因为他对裙装的好奇和对鲜艳的色彩的喜爱。父母只需告诉他："你是一个小男孩，你的小海军服很漂亮。你还可以玩坦克。"他就会忘了裙子一事。如果女孩说自己是男孩："斌斌爸爸说男孩开飞机，我要开飞机。"父母不妨告诉他："你是女孩，女孩也能开飞机，女孩多漂亮，长大可以做妈妈。"孩子就会骄傲地承认自己是女孩。

有些家长对孩子性别教育过于"偏执"，认为女孩就一定要娇羞，穿花衣服；男孩就绝不能给他穿漂亮衣服。他们认为："反正是小小子，要什么好，瞎穿呗。"结果，孩子可能会认为男性就应该是灰不溜秋，马马虎虎的。这也是不对的。孩子总归是孩子，穿得漂漂亮亮的没有错。男孩，让他穿得干净、利落、鲜艳、活泼；女孩，打扮得艳丽、花哨、可爱、洁净。这才是正确的做法。

还有些父母把3岁前的孩子在性别认识上的错误当做有趣的事到处讲，对孩子也会起到不良的作用。例如，妈妈拂着孩子的头对同事说："你看看他，臭美着呐，天天要拿我的口红。"同事则接着说："噢，可不嘛，就像小姑娘一样漂亮。"那么在一边听着的孩子会怎么想呢？他可能会认为，能像女孩子，妈妈喜欢。所以，不要把孩子性别认识上的错误当做笑谈到处说，也不

要常拿这事逗孩子玩。相信在孩子3岁后，一定会渐渐对自己性别有一个正确的认识。

性别认同混乱，原因何在

孩子性别角色模糊并不能排除先天的原因。原因是，在胚胎期，人的性腺结构在发育初期倾向于形成女性器官卵巢，这被称为"夏娃原理"。如果缺乏雄性激素，胎儿的性别蓝图就会混乱，在母体内就会引起男性大脑女性化，从而造成性别认同的困难。

但是对于更多出现性别角色模糊问题的孩子来说，后天的因素才是真正的原因。父母的示范作用、社会的强化作用和语言的影响等等因素的力量不可低估。性别认同并非自然而然发生的。有研究表明，人类对性别的自我启蒙是从2~3岁开始的，如果孩子在幼儿期没有接纳外界的正确引导，不能及时完成性别认同，日后就有可能会出现不同程度的性别偏差行为。下面列举影响孩子性别认同的几个重要因素：

⊙ **家庭因素**

残缺家庭及其辐射区。对于孩子来说，母亲的温柔细心和父亲的果断自信都不可缺少。任何一方的缺失，都会破坏孩子完整和谐的成长环境。残缺家庭是指家庭出现夫妻双亡或一方亡故、分居、离婚、再婚、在押等情况，其辐射区包括父母一方或双方工作繁忙，无法照顾孩子的家庭。这些家庭往往将孩子托付一方或他人，造成孩子长时间和同一性别成人生活在一起的局面，孩子没有同伴，没有兄弟可学习，也没有姐妹可比较，缺乏性别定位，从而比较容易偏离正确的性别角色。很多家长对这种缺憾的影响浑然不觉，等发现孩子的性别认同存在问题时，孩子已经偏离正常轨道很远了。

我是男生，你是女生——让孩子认识到男女有别

不和睦的家庭。如果父母关系不好，孩子很难形成正确的性别认同。譬如妈妈不喜欢爸爸，阻止孩子与爸爸亲密；或者爸爸在家庭中是受到排斥的，就会让孩子得出"爸爸是坏人，我不能跟他学"的结论。这样下去，孩子就会轻视爸爸在家庭中的价值，并认为自己和爸爸应该是不一样的。这种情况尤其会影响到儿子。儿子看到父母之间的矛盾，潜意识中会担心"如果我和爸爸一样，妈妈会不喜欢我的"想法，因而影响到儿子的性别认同。

和谐的家庭关系是家长给予孩子最好的礼物。孩子在知道自己的性别后，会感受到父母的性别魅力，并以同性父母为自己的学习榜样，模仿他或她的一切。男孩会认为"我要是跟妈妈喜欢的爸爸一样，妈妈也会爱我的"。女孩子学妈妈化妆，男孩子学爸爸扮酷就是这个原因。因此一个家庭中不管遇到怎样的纷争，父母都有责任为了孩子而维护双方在孩子心目中的良好形象。

溺爱孩子的家庭。随着计划生育政策的实施，独生子女越来越多，溺爱孩子的家庭也越来越多。这种家庭的家长对孩子娇生惯养、百依百顺，甚至袒护包庇。在这种教育环境下长大的孩子性格脆弱，无法接受任何挫折，害怕承担责任。特别对于一些男孩子而言，当到了青春期，第二性征陆续出现时，他们在潜意识逃避成为"男人"的事实，希望自己仍像青春期前一样，和女孩没有多大差别，因此掩藏自己的男性特征，比如说话细声细气、剪掉胡子，从而造成了女性化。

⊙ 学校因素

受传统意识的影响，中国传统的学龄前儿童教育，"施道者"基本上都是女性，幼儿园的"男阿姨"自然是凤毛麟角，甚至在国内大多数城市的中小学校，教师性别"生态"失衡的问题也日渐凸显。实际上，男教师的一些性格和生理特点，是女教师不可替代的。幼儿长期处于被女性包围的环境中，也不利于健全人格和品质的形成。我们在平时教学过程中发现，男幼师带孩子有独特的方式，他们很少娇惯孩子，也很少主观宠爱、偏爱某些孩子。这种平等、粗放的态度有利于和儿童形成良好的伙伴关系，有利于他们

健康个性的形成。男幼师的刚强与勇敢,更是当前独生子女们所缺少的。男幼师的教育行为会潜移默化地影响他们,使他们由脆弱变得坚强,由执拗变得宽容,由孤僻变得合群。因此很符合儿童成长的心理趋势。学校男教师少,就如同缺少父爱的"单亲家庭",容易使孩子的心理、思维出现缺陷。

另一方面,很多学校要求孩子循规蹈矩,把女生的行为视为榜样,并以此为标准来衡量男生。在不少中小学,男孩子甚至被要求不能跑、不能跳、要像小姑娘一样乖乖听话……这本身就是对男孩子的一种误导。

⊙ 社会因素

正如前面提到的,社会文化也在引领着家长以同样或不同的方式养育子女。我国目前的现状是:一方面市场化的现代社会,竞争日趋激烈,男人和女人同样在职场中打拼;一方面计划生育政策推行近30年,在我国的大城市,99%以上的家庭是独生子女家庭,而重男轻女的观念还在起作用。

所以一方面,家长目睹升学以及就业等方面的残酷竞争,为了增加女孩生存的砝码,提早给女孩打"预防针",以男孩的标准来养育女孩,把女孩教育的越来越强势;另一方面,很多独生的男孩受到整个家庭无微不至的呵护,在家长的溺爱下,养成了文弱、多愁善感、"娘娘腔"等不像男子汉的习气。

 异性装扮易导致孩子性别错位

从性心理发展的角度来讲,无论是男扮女装或女扮男装都是有害的。心理学家认为,性别角色大约在孩子三岁前就已经形成。

因此,三岁前的环境、抚养方式、父母的态度对孩子的性别心理具有举足轻重的影响。如果父母给男孩着女装,按女孩来抚养,很容易导致男孩把

我是男生，你是女生——让孩子认识到男女有别 第三章

自己看做与周围女孩一样的人，在表情、举止、打扮上，他就会努力模仿女孩，成为女性化男孩。许多性心理的病态正是由此诱发的。

一些青年男女长大之后仍然爱穿异性的衣服、追求异性的打扮，以至不能适应正常的社会生活，这在变态心理学中叫异装癖。另一些男女性成熟之后，不仅没有萌发对异性的爱慕，反而爱慕与自己同性别的人，这就是人们所说的同性恋。上述情况说明，身体方面的性别和心理方面的性别并非必然重合，在特殊条件下，甚至可能是相反的。

父母千万不要出于个人的心愿而无视自然的事实，不要人为地为孩子选择性别，不要把孩子男扮女装或女扮男装。应尊重孩子的性别，按照孩子的身体性别的要求来培养孩子，使孩子的性心理健康发展，否则容易贻误孩子，后果不堪设想。

 孩子的性别认同过程

很多父母不知道，从呱呱坠地的那一刻起。孩子就有了性别的烙印，从姓名、服饰、玩具，到以后的行为要求、生活方式、父母对他们的期望，孩子正是从爸爸妈妈对待他们的态度和行为要求中逐渐地理解性别的。孩子性别认同发展的3个阶梯：

⊙ 第1阶梯：3岁前对性别的理解只是外部特征层面

虽然孩子能够很响亮地说出自己的性别，但他们对性别的理解只是外部特征层面的。开始时，孩子会好奇地问妈妈，自己是男生还是女生？是和妈妈一样还是和爸爸一样呢？逐渐地，他们学会从发型、衣着上来辨别男性或女性，不过，这时他们还不大能真正明白男女的不同，同时他们也不能理解性别是恒定不变的。

这个时期如果处理或引导不当，容易使孩子产生"性识别障碍"。自身发育明明是个正常的男性或女性，却强烈固执地认为自己是异性，并模仿和表现为异性的气质、动作、习惯及服饰，此时若是没有正确地去纠正，甚至会发展成性心理障碍。

⊙ 第2阶梯：4岁对性别的意识开始丰富

到了4岁，孩子的性别意识开始丰富许多。他们对性别的差异也比3岁时更好奇。比如，当孩子发现男女上厕所的方式不同时，通常会好奇地问"为什么男生要站着尿尿，而女生要坐着尿尿？"同样，他们对自己的生殖器也产生了好奇，想看看自己的和别人的有什么不一样，并在此基础上感受到男性和女性在生殖器上的差异。有时，听到有人提起"小鸡鸡"等字眼，会觉得神秘而咯咯地偷笑。甚至有的孩子会因为实在太好奇，玩起脱裤子之类的游戏。

这时，孩子的性别刻板印象也在加强。他们会坚定地认为，男孩子有男孩子的游戏，比如打仗游戏；女孩子有女孩子的游戏伙伴，比如洋娃娃。

⊙ 第3阶梯：5岁以后真正开始了解两性的差异

孩子真正开始了解两性的差异，他们知道除了外表的不同外，还包括生殖器官和某些生活习惯的不同。孩子们开始固执地认为，男生和女生是不一样，比如最常听到的是"男生不可以穿裙子"，"女生可以留长发"等。但如果你一直追问，他们会有些不好意思地告诉你："男生有小鸡鸡，女生没有。"

由于对性别的理解，这时的孩子对性别也开始敏感起来，开始懂得不好意思和回避。他们也真正理解性别不会随时间、外部特征、愿望的变化而变化。在性别角色理解方面，学龄前的宝贝会将许多玩具、衣着用品、工具、游戏、职业甚至是颜色与一种性别联系起来，而与另一种性别严格隔离，形成非常刻板的性别角色印象，这种现象直到儿童中期才会得以缓解。

在美国，父母对这方面的性教育是很重视的，比如年轻的妈妈们会精心地为孩子挑选男用品、女用品，有时因为颜色花样的缘故，她们还会不放心

我是男生，你是女生——让孩子认识到男女有别 第三章

地向营业员询问，生怕搞错了。那些抱在手上的男婴，虽然正处于牙牙学语阶段，但早已穿上了正式的男装三角裤，尽管三角裤里还裹着纸尿布。父母认为应该从小让他知道自己是男孩。

教男孩要有男人气，教女孩要更细心，这在美国父母心中已成为约定俗成的育儿观。假如母亲送儿子上幼儿园，孩子缠着妈妈不肯放，妈妈只要对儿子说："不能哭了，你是男子汉，男子汉是不能哭的。"男孩就会强忍着哭，松开手。父母要让孩子从小就接受正确的性别教育，要让孩子对自己的性别有正确的意识。

性角色的认同，是孩子成长的一个十分重要的过程。因此，从孩子呱呱坠地开始，父母就负有培养孩子"性角色"的责任。孩子通过对男女身体器官的不同，逐步理解性别的差异，最终做到对自己性别的认同。在此过程中，容不得半点的扭曲和造作，是男孩就要让他进入男孩的天地，喜男性之所喜，为男性之所为。在女孩方面，要让孩子知道男女只是在排泄器官上的不同而已，而且也明白男孩有女孩没有的东西，女孩也有男孩没有的东西，即男女有别，让孩子树立起男女平等的观念，认同自己的性别，不致因为没有"小鸡鸡"而自卑。

 3岁是孩子性别意识的最佳时机

孩子的性别教育，对于家长们来说似乎再简单不过：男孩就是男孩，女孩就是女孩，没有什么教导可言。但是，专家指出，对孩子进行正确的性别角色教育是非常必要的，这非但关系到孩子日后正常的社会交往、恋爱、婚姻、家庭生活，还会影响其心理发展。这样有意识的培养应该从孩子3岁幼儿阶段就开始。

妈妈说给孩子的悄悄话

大部分的幼儿从3岁开始就会对"我"从"哪里来的"这样的问题感兴趣，随着年龄的增大就会提出一系列与性有关的问题，比如："我是从哪里来的？""我是怎样进到妈妈的肚子里去的？"当然这些问题的提出是出于质朴的好奇心，同时，也反映出人的性认知和性意识的形成从小就开始了。

然而一直以来，在中国的传统文化中，性是一个神秘、隐讳的代名词，正是由于这种传统观念的束缚。当3、4岁幼儿对性疑问最多的时候，作为孩子的第一任老师——父母以及从事幼儿教育的工作者往往采取回避或训斥的方式匆匆结束与孩子的交流，而有些幼儿对摆弄自己的性器官产生了好奇时，因未得到成人的正确引导与及时的干预而形成习惯性的动作……诸如此类的问题行为，如未及时地给予矫正，会使孩子从小对性就埋下"性羞耻"、"性焦急"和"性神秘"等等的阴影，到孩子长大后极有可能形成扭曲的性心理，也可能发展成为性心理障碍。

专家认为，性别角色是以性别为标准进行划分的一种社会角色，它决定着一个人的行为模式。如人们要求男性行为体现出阳刚之气，女性行为表现出阴柔之美。虽然男女性别是由遗传决定的，但性别角色却是从幼儿和儿童时期受到成人影响、教育的结果。专家指出，幼儿性别教育上的误区或缺失很容易造成孩子性别角色的错位，带给孩子的将是心灵的扭曲和伤害。

现在越来越多的父母都非常关心和重视孩子青春期的性教育，让孩子学会保护自己、爱护自己，这是非常必要的。但父母往往忽视了孩子从出生就应开始的性别教育。性别教育是对孩子进行性教育的基础，是孩子对自身了解的启蒙，也是孩子形成健康人格的基础。所以从小就开始对孩子进行科学的性别教育也是非常必要的。专家介绍，孩子的性别角色意识从幼儿阶段，3岁以后就开始建立了，而真正形成性别角色意识是在孩子进入青春期之后。幼儿阶段所受的影响要比青春期孩子所受的影响大得多。许多有同性恋倾向的人，都会追溯到幼儿阶段的经历。因此，家长和幼儿园应该对3～6岁的幼儿进行适当的性别教育，传授给他们一些基本的生理知识和自我保护意识，让幼儿对自己有一个最基本的认知。

让男孩正确完成性别认同

男孩出现"娘娘腔"倾向的原因有很多,除了家长错误的性别教育之外,我们主要列举与家长教育有关的以下两点,供家长们借鉴。

⊙ 家长的"包办"和溺爱

对于男孩来说,家长的过分溺爱也可能会引起他们的男性特征消失。男孩与女孩认识世界的方式是截然不同的,女孩常常会通过她们敏锐的感觉来认识周围的世界,而男孩则是通过他们的冒险行为去认识世界的。但如果家长对男孩太过溺爱,每当男孩通过冒险去探索世界时,家长就会心疼地提醒他们:"儿子,不要,那太危险!"因此,在家长的多次阻止和提醒下,男孩的那种通过冒险和动手来认识世界的特性就会消失,从此男孩变得有些"娘娘腔"倾向也就不足为奇了。

⊙ 父亲角色的缺失

由于工作、事业或其他原因,父亲常常忽视对孩子的教育。男孩是通过模仿来完成自己的性别认同的,如果从小时候开始,一直都是妈妈或者阿姨在他们的身边打转,由于缺少男性榜样,他们自然而然地就会模仿身边这些女性的行为。随着年龄的增长,男孩的性别认同会渐渐定型,这样,即使男孩在幼儿园或学校会接触到其他男孩,他们女性化的行为也不会轻易发生改变。

那么,为了使男孩正确并且顺利地完成性别认同,家长应该如何做呢?

方法一:了解男孩性别认同的发展历程

很多家长常常持有这样的观点:两三岁的孩子根本就没有性别意识,所

以我们根本就没有必要对他们进行性别教育。

其实，家长们的这种观点是不正确的，因为男孩的性别取向很早就开始形成了。在他们18个月大的时候，他们已经能够分辨出自己是男孩还是女孩了。如果男孩在两三岁时，能够很好地感受并认同自己的性别，到了五六岁时，他们就会形成一种稳定并持久的性别认同。在这一阶段，男孩的性别观念会有些僵化甚至是传统，他们会认为：女孩是乏味的，我才不会跟她们一起玩。但当男孩顺利地度过这一时期之后，这种明确的性别界限就会自动消除。

方法二：给事物披上"性别"的外衣

简单来说，就是强化男孩的性别，并鼓励男孩去培养男子汉气概。如果男孩从小接受的是这种教育，那他绝对不会出现"娘娘腔"的倾向。例如：给男孩买了一本图画书，你可以告诉他："这是一本专门为男孩写的书。"想让男孩做一些力所能及的家务，可以这样对他说："你是男孩，你的力气大，就应该为妈妈分担一些家务。"想让男孩去锻炼身体，就可以这样对他说："这个器材是专门为需要锻炼身体的小男子汉设计的，怎么样，来试一试？"当然，需要提醒家长们的是，这种方式虽好，但不可多用或滥用，否则只会使男孩产生反感情绪。

方法三：利用"偶像"培养男孩的男子气概

男孩一旦有了性别区分的意识，便总想找机会来证明自己的男子汉气概：他们会主动与女孩以及与女孩们所玩的那些玩具保持距离，以此来证明他们与女孩的不同；他们总是模仿那些比他们大的男孩，模仿他们的桀骜不驯、藐视权威；他们总是到处打抱不平，但是，有时他们的打抱不平也会变成侵略行为。

当然，孩子毕竟是孩子，虽然这些小男孩总是在试图证明自己的男子汉气概，但在很多时候，他们也会表现出软弱，例如，他们也会害怕某个事物、也会哭泣。在这些时候，家长总会试图通过讲道理让男孩明白什么是男子汉，例如，"一个真正的男子汉是天不怕、地不怕的""男子汉是不能随

我是男生，你是女生——让孩子认识到男女有别 第三章

便掉眼泪的"……但事实上，家长们对男孩的这种教育基本是无效的，因为男孩大多是通过模仿来学习经验的。对于这些正在成长的小男孩来说，当他们有了明确的性别意识之后，他们都会为自己找一个伟大的男性偶像，作为成长的模仿对象。他们也许会把家长的说教当成耳旁风，但他们绝对会关注自己的偶像最近有什么动态。

 孩子的性别观需从小培养

玩具汽车和穿牛仔衣裤，并不能让男孩子清楚地认识到自己是男子。真正使他认为到这一点的，是他童年初期和父母之间的有益关系。正是这种关系，使他渴望长大后成为和父母一样的人。

如果父亲有意拒绝儿子要布娃娃的请求，或者表现出为儿子的女孩品味而担心，孩子的男子气质也并不会因此而得到加强。事实上，儿子甚至会觉察到自己和父亲的男子气质都值得怀疑，或者认为两个人都缺乏男子气质。如果父亲对自己的男子气质感到自信，他就应该通过给儿子买布娃娃的方式，来帮助儿子发展父爱中的母爱一面。

与此相同，女孩也从妈妈身上寻找自己的偶像。如果当妈妈的能鼓励女儿去参加许多活动来开发她的极限能力，并且自己也去这样做，她就能培养出一个既自信，又健壮的女儿来。但是，如果当母亲的过分担心自己的女子气质，或者担心自己对男人没有吸引力，她就可能过分重视女儿的女子气质。如果她只给女儿布娃娃和炊事具玩，并且总是把她打扮得花枝招展，她就会使孩子曲解女性的特点。

女孩子同父亲建立积极的关系也很重要。如果当父亲的不理女儿，轻视女人，拒绝和她玩球，或者不让她参加野营、钓鱼等活动，她就可能产生自卑感，并进一步养成老古董性格。其实，小女孩想要玩具汽车，小男孩想要布娃娃都很正常，而且完全可以给他们买这种玩具。男孩想玩布娃娃是因为他具有做父亲的情感，而不是因为他的女子气。因此，应该帮助他成为一名好父亲。

至于干家务活的问题，专家认为，应该给男孩子和女孩子分配同样的活。男子和女子无论在家还是在外，都应该从事同样的职业。男孩子可以和他们的姐姐妹妹一样，应该做铺床、打扫房间和刷碗等活，而且要干得同样多。女孩子也可以做打扫院子等活。但是，并不是说不管什么活他们都不应该交换，都应该完全平等，而只是说不应该对他们有明显的歧视或区分。父母的榜样作用十分重要。看孩子的特点时要记住，男孩子主要像父亲，但也是常常有点像母亲，或者更准确地说，在一定程度上像母亲。

有些女孩子就像她们的父亲，她们有的喜欢养鸟，有的成为了免疫学家，而她们的母亲并没有这种兴趣。所以，孩子的特点问题只存在着程度上、兴趣上或者对事物的看法上的差别。从这个意义上讲，每个人都在某个方面或者某种程度上存在着异性的特点。这样能使他们长大以后理解异性，并且具有更丰富、更容易变通的个性。在整体上讲，它也有益于社会，因为它能使人对各种职业有一个综合的看法。

由于一个人不可能具有百分之百的单一性特点，所以，只要孩子能欣然地接受他们的现状，那么，不论他们已经养成什么样的复杂特点，对事物持什么态度或者有什么爱好，都可以尽管放心地让他们去发展。这样总比由于家长的反对而让他们感到羞愧和忧虑要好。

我是男生，你是女生——让孩子认识到男女有别 | 第三章

 注意孩子的性别认同障碍

小琳已经8岁了，作为女孩子却老是喜欢穿男孩子的衣服，做男孩子的游戏，找男孩子玩，而且当妈妈告诉她，应该像女孩子那样时，小琳却顶嘴说："我就要像男孩子那样！"

小琳的毛病出在哪儿？她的问题是儿童性别认同障碍。儿童性别认同障碍发生于青春期以前的儿童。临床上，诊断为性别认同障碍的男孩多于女孩，但女孩出现性别认同障碍的情况也较常见。

怎样诊断儿童的异常行为是否属于性别认同障碍？

1.对其自身的生物学性别有着长期的、严重的不适应。

2.认为自己是异性或期望自己是异性。这些感觉和行为是长期的而且是有问题的，并表现出异性角色的行为，如像一个"顽皮的假小子"或"女人气的娘娘腔"。

女孩子如果有性别认同障碍，往往会因自己是女孩，而产生强烈的挫折感，由此，希望她自己是一个男孩。在有些案例中，她们甚至认为自己已经是男孩了。她们常常模仿同龄男孩，讨厌传统的女孩子玩具、游戏，喜欢玩男孩的玩具，做男孩的游戏。随着其性别认同障碍日益严重，她们对其女性生理特征也会产生强烈的厌恶情绪，或拒绝接受其性生理特征，并常常幻想自己会像男孩子一样发育。

总的来讲，男孩的性别认同障碍与女孩的情况是一致的，只不过正好与女孩子相反。例如，有性别认同障碍的男孩通常对自己是男孩感到十分沮

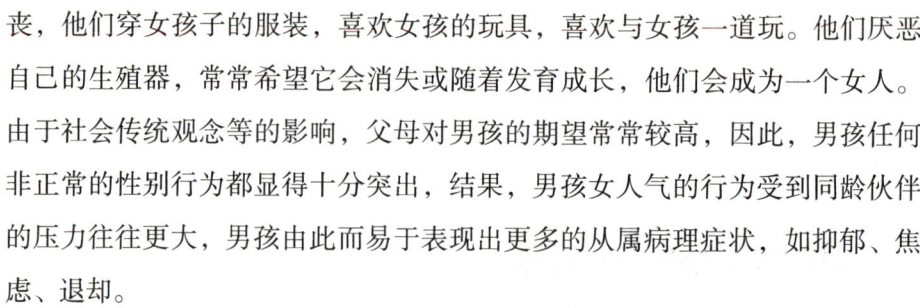

丧，他们穿女孩子的服装，喜欢女孩的玩具，喜欢与女孩一道玩。他们厌恶自己的生殖器，常常希望它会消失或随着发育成长，他们会成为一个女人。由于社会传统观念等的影响，父母对男孩的期望常常较高，因此，男孩任何非正常的性别行为都显得十分突出，结果，男孩女人气的行为受到同龄伙伴的压力往往更大，男孩由此而易于表现出更多的从属病理症状，如抑郁、焦虑、退却。

儿童出现性别认同障碍，并不意味着成人时也会出现性别认同障碍，大部分有性别认同障碍的儿童到青春期发育时，都会恢复正常的性别角色，因此，发现孩子出现性别行为异常，父母不必过于焦虑。不过，也有少数儿童进入青春期以后，仍处于所说"性别焦虑"或角色困惑。因此，父母对孩子的性别认同障碍应当引起重视，随时注意孩子的行为，及时找心理咨询师咨询，以帮助孩子克服困难，减轻或消除因行为异常受到的其他心理压力。

性别错位的危害与矫治

所谓性角色畸形是指男女性别的错位，也就是说，一个人把自己看做是男性还是女性，心理学上称之为性别角色，大约到3岁时，儿童的性别角色已形成。如果小男孩把自己看做是一个与周围女孩一样的人，在打扮、表情、举止上努力模仿女性，即成为女性化男孩，反之，如果小女孩把自己看做是一个与周围男孩一样的人，在打扮、表情、举止上努力模仿男性，即成为男性化女孩，上述两者均称为性角色畸形。

⊙ 哪些孩子需要重点观察

凡男孩穿女装，说话娘娘腔，举止娇嗲，喜欢洋娃娃，做游戏常扮女人，喜与女孩结伴玩者；凡女孩穿男装，说话粗鲁，举止粗野，喜欢玩汽车

手枪，做游戏中常扮男人，喜与男孩结伴玩者。

⊙ **儿童性角色畸形的危害性**

1.对孩子性格产生不良的影响。这些女性化男孩和男性化女孩在年龄较大时，常常受到小朋友的歧视和捉弄，或受到老师和邻居的压力，使他们企图隐蔽自己的异性行为，但常常又办不到，内心十分痛苦。同时他们又常无形中被其他孩子"隔离"开来，因而产生内向、孤独、胆小及忧郁的性格特点。

2.可成为同性恋、异装癖及易性癖等性变态的心理根源。

国外研究指出，几乎所有的要求手术变为女性的男性易性癖患者，其幼年均有女性化行为；大约有2/3的男性同性恋者，其幼年就有女性化行为；大约有一半的异装癖者幼年就喜欢着女装。上述研究表明，成人的性变态与儿童的性角色畸形之间有着明显的对应关系。

⊙ **儿童性角色畸形的矫治**

1.强化孩子的性角色意识。

家长应培养儿童从小对自己性别进行正确的辨认。男孩应着男装，玩男孩玩的玩具，从小与男孩一起玩；反之女孩亦然。父母千万不要出于自己的心愿而无视孩子的解剖性别，人为地为孩子选择性别。

2.强化孩子的性格培养。

对文静、害羞、有女性化倾向的男孩，要注意从小训练培养其勇敢、活跃、大胆等男孩性格；反之女孩亦然。

3.选择与性别相应的文体活动。

女性化男孩，往往缺少体育锻炼；男性化女孩，常常缺乏文艺爱好。家长应让"假姑娘"在运动场上驰骋拼搏，让他们懂得什么是竞争，什么是勇敢。让"假小子"能在唱歌、跳舞中追求女性的秀美、端庄、乖巧、细致。如果父母能与孩子共同参加这些文体活动，也许会获得更好的效果。

必须强调，性角色畸形这一心理偏差与孩子今后的恋爱、结婚、家庭和谐关系甚大。一旦父母发现孩子有性角色畸形的倾向，应及早请儿童心理医生检查，及早进行矫治。

妈妈说给孩子的悄悄话

 "双性"教育让宝宝更出色

美国心理学家曾对两千余名儿童做过调查，结果发现一个非常有趣的现象：过于男性化的男孩和过于女性化的女孩，其智力、体力和性格的发展一般较为片面，智商、情商均较低，具体表现为：综合学习成绩不理想（特别是偏科现象严重），缺乏想象力和创造力，遇到问题时要么缺少主见，要么固执己见，同时难以灵活自如地应付环境。相反，那些兼有温柔、细致等气质的男孩，兼有刚强、勇敢等气质的女孩，却大多智力、体力和性格发展全面，文理科成绩均较好，往往受到老师和同学的喜爱。成年后，兼有"两性之长"的男女在竞争激烈的现代社会里，更能占据优势地位。

这个发现印证了今日美国日益流行的一个崭新的教育思路——双性化教育。所谓"双性化教育"，是摒弃了传统的、绝对的"单性化教育"后应运而生的一种家庭教育新理念。

研究者认为，在教育幼儿时，过于严格、绝对的性别定型（即男孩只培养其粗犷、刚强等男性气质，女孩只培养其温柔、细致等女性特点），只会限制他们智力、个性健康全面的发展，进而可能令男孩过于粗犷、勇猛而缺少平和、细腻气质，无法学会关心体贴他人及拥有细腻的情感世界，令女孩过于柔弱、内敛而缺少勇气、自立精神，缺乏竞争心及刚强的心理素质，最终在社会适应、情绪调控、压力化解以及处理包括家庭在内的各种人际关系上，都劣于那些"双性化"的男孩女孩。

女孩可能因缺乏独立性和上进心，放弃对事业的追求和对自己的严格要求，最终难以成材；男孩可能变得刚愎自用、难解人意、冷酷冷漠，或干脆

成了工作狂,不仅在事业上难有竞争优势,在社交圈中也不受欢迎。

如何开展"双性化教育",美国专家提出了如下建议:

⊙ **鼓励孩子向异性学习**

不论是男孩还是女孩,都应在发挥自己"性别"优势的同时,注意向异性学习,克服自己性格上的弱项,促进身心的全面发展和人格的完善。如:男孩多多学习女孩的细心、善于表达和善解人意,女孩则多多学习男孩的刚毅、坚定和开朗。

⊙ **顺其自然**

在鼓励孩子向异性学习时,必须顺其自然,切忌威逼强迫,不然效果会适得其反。

⊙ **不宜将性别特征区分过清**

不少性格或行为特征(如热情活泼、独立自主、坚忍不拔、富有责任心、善解人意、无私善良等),应是男女两性都须具备的,不宜被视为某种性别专有,家长在培养孩子时不宜区分过清,而应兼收并蓄——这正是"双性化教育"内涵的重要组成部分。

⊙ **增加男女孩子接触的机会**

孩子向异性学习应通过自然而然的接触,故应为他们提供共同交流、一起玩耍的机会。

⊙ **避免走向极端**

鼓励孩子向异性学习也要有"分寸"。要是男孩学过了头,就会显得"娘娘腔";女孩学过了头,就会成为"假小子"——这自然就不是"双性化教育"的初衷了。

我在慢慢长大——探究儿童性发展的规律

第四章

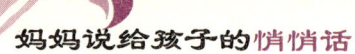

妈妈说给孩子的**悄悄话**

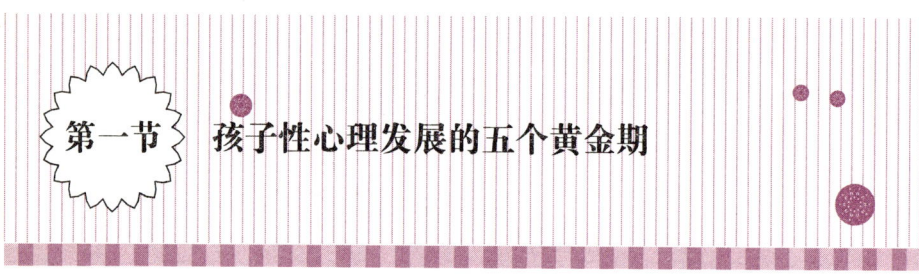

第一节 孩子性心理发展的五个黄金期

 孩子的性发展阶段

性恋与食欲一样,是自然界中最为原始、最为普遍的一种现象。对于动物们来讲,它们一般会通过鸣舞、发光、炫耀羽毛、散发气味、依偎和温情抚摸等种种方式相会,它们嬉闹交配,而后繁衍生息。人是自然界中最高等的动物,人的性和恋更增添了理智、文明、道德、向往和追求等内容,成为具有社会性的纯洁、卫生与健康的行为,这种行为被称之为高尚的爱情。

性和恋贯穿于人的一生。那么,对于尚未成年的孩子来说,性和恋的感受会是怎样的呢?

用"朦胧"二字形容孩子的性恋感受最恰当不过,而且,这种朦胧会随着孩子日渐长大而变得逐渐强烈起来。在这个过程中,孩子会慢慢发现玩弄自己的生殖器会给自己带来快乐,于是,有朝一日,父母们忽然觉察出孩子染上了玩弄自己生殖器的坏习惯,分外担忧。其实,这种情况在许多父母年幼和青少年时期也经历过。

孩子玩弄自己的生殖器是一种性欲的表现。专家强调,性的欲望并非是在性发育成熟后的成年期,幼儿和儿童也具有性欲。长期以来,公众认为儿童期没有性感觉,这种性感觉最早应出现在青春期,这种观点是错误的。这主要是由于公众缺乏对性活动基本原理的科学知识。其实,人人都经历过从摇篮时期到十来岁性发展和性成熟的过程，孩子的性发展趋向经历了以下几个阶段：

⊙ **口欲期**

从出生至1岁。这一时期所表现的性欲行为并无成人的性意识与交媾意愿，主要是自身性欲满足。婴儿从吮吸母乳中不但能获得必要的营养，而且也能获得极大的快感。婴儿吃饱奶后的甜蜜入睡，与成人性交获得性高潮后的入睡状态相似。婴儿不仅从吮吸乳汁中获得快感，并且对其他口唇、口腔活动也极感兴趣，他们经常从吹泡泡、咯咯发声、咀嚼东西等活动中取乐，还喜欢吮吸手指，将周围见到的任何感兴趣的东西都往嘴里塞。

⊙ **肛欲期**

自1岁至2岁。此时也是训练幼儿大小便习惯的时期。幼儿可从身体的排泄与控制活动中获得快感，即肛欲满足。据观察，1岁多的小女孩在小便时，常会自己笑起来，可能是排尿刺激阴部引起的搔痒和快感。2岁左右，男孩子学会用手扶着阴茎对着某个方向撒尿，女孩子则要脱裤子蹲下或坐在便盆上小便，孩子们对排尿有了羞涩感。这种意识常可控制孩子大小便的排泄。

⊙ **性蕾期**

自2岁至3岁。在此期中，阴茎或阴蒂日益变成了身体快感的主要部位，或多或少有意识的手淫通常也是从这时候开始的。幼儿玩弄生殖器会使家长局促不安，家长往往对孩子的这种行为严加禁止和惩罚，或想方设法来分散孩子的注意力，甚至进行有害的性教育，把性说成是肮脏的、下流的、不健康的东西。这一阶段，在性的问题上孩子总是遭受到父母的压抑。其实，这种幼儿期手淫与成人手淫性质不同，既无成人的性意识与性交意愿，也无成人的性生理反应（如射精），不过是幼儿的一种性游戏而已，因此不应用成人的偏见对他们进行过多的责备。否则，因此而造成的心灵创伤，可能对性产生罪恶或恐惧感，成为成年后性功能障碍的根源。所以，家长应特别注意。

⊙ **依恋期**

4岁至5岁。随着身体和意识一天天地逐渐成长，孩子进入了性别自我认

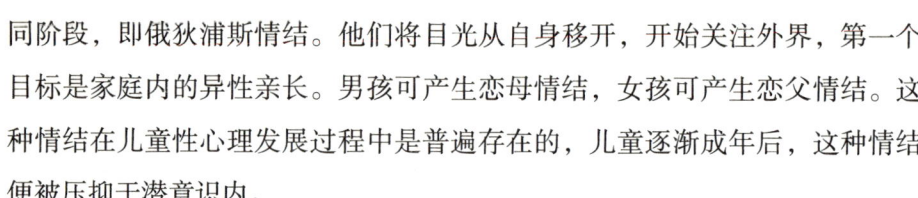

同阶段，即俄狄浦斯情结。他们将目光从自身移开，开始关注外界，第一个目标是家庭内的异性亲长。男孩可产生恋母情结，女孩可产生恋父情结。这种情结在儿童性心理发展过程中是普遍存在的，儿童逐渐成年后，这种情结便被压抑于潜意识内。

⊙ **潜隐期**

大约在6岁。这一时期，孩子早期对父母的兴趣向外延伸到如老师等其他成年人的范围，对性有了好奇心，常常关心图书报刊中有关性的描写。从外在现象上看，此阶段孩子的性心理比较平静，没有上述各时期复杂、激烈的矛盾冲突。但有的学者认为可出现一种类似"同性恋"现象：男孩喜欢与男孩做伴，从事某些比较剧烈与冒险的游戏，如模仿战士战斗等；而女孩则喜欢与其他女孩从事跳舞、跳橡皮筋等温和的游戏。

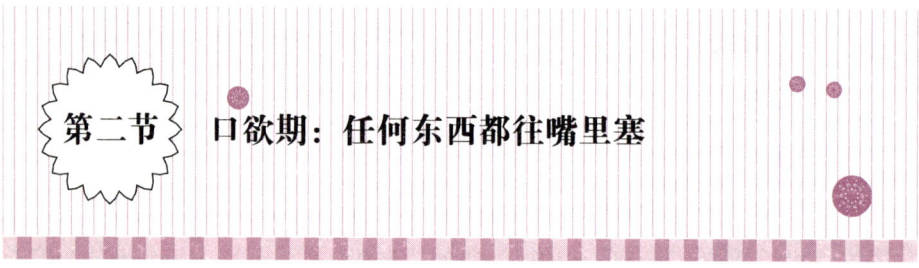

第二节 口欲期：任何东西都往嘴里塞

宝宝最早的快感就来自口欲期

在某个年龄段时，我们的宝贝小手够到什么都会往嘴里塞，拿开他的小手后，他还不听话，对此父母们不要恼怒。因为小宝宝的身体正在发育，不同时期，其身体的不同感官部位的敏感占据主导地位。将近2岁时，宝宝的嘴

我在慢慢长大——探究儿童性发展的规律 第四章

巴相当敏感，他会通过吸吮等刺激方式来自我满足。当宝宝沉迷于此时，父母不要大惊小怪。心理学家把这个时期称为"口欲期"。起初，婴儿的吸吮是为了生存，但很快，嘴成为敏感区，成为快乐之源，这时候的吸吮开始成为一种获得快感的方式。父母们要正确对待宝宝这个时期的行为，这只是一种正常的性反应。眼下，任何东西都可以用嘴嘬、用嘴咬，以获得愉快的刺激。对孩子来说，没有脏东西，什么都是好吃的！你千万不要总是阻止他往嘴里放东西，从而剥夺他的这种体验。如果觉得不卫生或者危险的东西，你应该在孩子发现之前就把它们清除掉。

有些宝宝有可能会发展成咬人的习惯，随着长出第一颗牙，孩子出现了咬人的欲望，就像抓别人头发和眼镜，抠别人的眼睛一样。对于这样的情形，父母应该毫不犹豫地立即制止，同时给他别的东西充当替换物让他发泄。比如，给他一个绒毛玩具让他暂时转移注意力等。此外，还应该给孩子设立一定的规矩，教会他尊重别人，以免孩子乱咬东西成习惯而伤害到别人。

 口欲期的宝宝不宜过早断奶

为了满足宝贝在口欲期的特殊需要，妈妈最好用母乳喂养，提倡母乳喂养不仅让宝贝获得必要的营养，同时也能带给宝贝极大的快感。但是有些妈妈却盲目地采取突然断奶，让宝宝无所适从，也影响了宝宝未来健康的生长。

"我真搞不懂，为什么他老是咬人呢？"军军妈说她2岁半的儿子总会习惯性地咬人。"您是否很早就给孩子突然断奶了？"儿童心理医师问。"军军三个月的时候产假结束了，如果不去工作我的职位就不保了。但这和军军

咬人有什么关系呢？"军军的妈妈一脸的诧异。"正因为您剥夺了他正常的性欲要求，所以才造成了他这些症状呀。"心理医师笑着回答。"性欲要求？开玩笑吧？这么点小孩也有性欲？"美丽的妈妈脸上挂满了问号。

精神分析学派认为，婴儿从出生到一周岁左右处于"口欲期"。这时的婴儿不仅从吮吸乳汁中获得营养，还得到极大的快感，并对其他口唇、口腔活动也极感兴趣。

所以，母乳喂养对婴儿心理健康的发育很重要。一般出生后10～12个月断奶为宜，过早或过迟都可能对婴儿的心理发育不利。过早断奶会使幼儿口欲不足，这可能成为儿童贪食症与异食癖的心理根源，也可能成为成年后贪食、嗜饮（酒）与吸烟癖的心理根源；过迟断奶与给婴儿长时间的塞吸奶瓶，使其口欲过度满足，可能成为幼儿与青少年神经性厌食与神经性呕吐的心理根源；突然中断哺乳会造成对幼儿的口欲剥夺，这可能成为儿童与成人的"口欲攻击"根源，例如习惯性咬人、咬坏东西与口头攻击或习惯性秽语等。

 给宝宝断奶的错误方法

1.有些妈妈往奶头上涂墨汁、辣椒水、万金油之类的刺激物。对宝宝而言，这简直是残忍的"酷刑"。妈妈以为宝宝会因此对母乳产生反感而放弃母乳，效果却适得其反，宝宝不吓坏才怪呢，而且还会因恐惧而拒绝吃东西，从而影响了身体正常的发育。

2.另外有些妈妈采取突然断奶，把宝宝送到娘家或婆家，几天甚至好久不见宝宝。断奶不需要母子分离，对宝宝的情感来说，妈妈的奶没有了，可不能没有妈妈呀！长时间的母子分离，会让宝宝缺乏安全感，特别是对母乳依赖较强的宝宝，因看不到妈妈而产生焦虑情绪，不愿吃东西，不愿与人交

往、烦躁不安，哭闹剧烈，睡眠不好，甚至还会生病，消瘦。奶没断好，还影响了宝宝的身体和心理健康，实在得不偿失。

3.有的妈妈不喝汤水，还用毛巾勒住胸部，用胶布封住乳头，想将奶水憋回去。这些所谓的"速效断奶法"，显然违背了生理规律，而且很容易引起乳房胀痛。另外，也不利于宝宝的正常的生理和心理发育。

 怎样给宝宝顺利断奶

断奶对婴儿来说是一个非常重要的时期，是婴儿生活中的一大转折。断奶不仅仅是食物品种、喂养方式的改变，更重要的是断奶对宝宝的心理发育有重要影响。这就是为什么心理学家将此过程称为第二次母婴分离。婴儿在吸吮乳汁的同时不断地与母亲进行感情交流，获得母爱，这对婴儿身心发育具有重要影响。如果断奶方法不得当，不但婴儿心理上难以适应，还会给婴儿的身体健康带来负面的影响。错误的断奶方法不仅会给宝宝心理带来极大伤害，而且宝宝也会因此而哭闹、恐惧、不安，或以吸吮手帕、被头及母亲的衣物来获得安慰，甚至形成日后难以纠正的儿童异常行为。

首先，在心理上，父母要把断奶看成是自然过程。当婴儿对母乳以外的食物味道感兴趣的时候，应该用适当的语言诱导和强化，使婴儿受到鼓励和表扬，感到愉快，使婴儿在心理上把断奶当做一个自然过程。同时，家里的其他亲人应有意识的多与婴儿接触，如：带宝宝去公园，接触大自然，开阔眼界，跟宝宝一起做游戏，使宝宝感到身边的人都爱他，都跟他玩，使他高兴，有安全感、信任感。

其次，断奶应该在婴儿1～2岁间完成。先从减少白天喂母乳次数开始，逐渐过渡到夜间，可用牛乳或配方奶逐渐取代母乳，最迟2岁应彻底断母乳。

但仍需每天给1~2次牛奶。这期间，婴儿从蹒跚学步到自由行走、玩耍，婴儿的活动范围逐渐扩大，兴趣逐渐增加，与母亲的接触时间逐渐减少，有利于断奶。

再次，断奶时，不要让婴儿看到或触摸母亲的乳头。当宝宝看到其他宝宝吃母奶时，要告诉宝宝"你长大了，小宝宝吃妈妈奶，你不吃了"。母亲在断奶期间不应回避，应多和宝宝在一起玩他感兴趣的游戏，转移宝宝的注意力，尤其是在宝宝哭闹时，父母及家里的亲人一定要帮助安抚宝宝，给宝宝更多的关爱，千万不能急躁，更不能训斥宝宝。在断奶期间，不应母婴分离，这样会给宝宝带来心理上的痛苦。另外，一旦断了奶，就不要让婴儿再吃母乳。

第三节　肛欲期：总是拉个不停

让孩子顺利度过肛欲期

有些孩子老是爱拉个不停，他是不是生病了？父母心里多了几分焦急，这该如何是好呢？父母们应该意识到这是孩子们的"非常时期"。孩子通过排便与控制大便潴留来从中获得快感，也就是所谓的肛欲满足。出现这种情况的孩子可能会对自己排出的粪便很感兴趣，所以大小便之后他们常常会用

我在慢慢长大——探究儿童性发展的规律 第四章

手去玩弄大小便。如果这个时期孩子受到心理挫折，或在后来性心理发展过程中（直至成年）遭遇到心理挫折皆可能固着于肛欲期，以恋粪癖、灌肠癖等等表现出来。

这个时期是训练孩子如厕的大好时期，但是一定要耐心地、愉快地训练他们，如果态度粗鲁急躁，或者言谈举止之间显示出对性器官的鄙视情绪，都会让孩子对自己的身体产生不正确的认识，形成畸形的性压抑的心理。

玲玲今年两岁8个月了，玲玲妈妈一直有个头疼的问题。那就是玲玲从上个月开始出现憋尿的现象，每次憋尿的时候都表现出很紧张的样子，脸发红，会夹腿，撅起屁股，说想尿尿。妈妈带她到厕所后她又尿不出来，但转眼又尿在裤子里，最多的时候一天尿了5次裤子。这是她尿胀的时候夹腿有性的感觉吗？有时候她还把大便拉裤子里了。玲玲妈妈觉得孩子不光是尿裤子的问题，她各方面都有点倒退的感觉，最明显的是整天叫"我是小BB"，躺在地上要妈妈抱，还特别黏人，吃饭都要坐在妈妈怀里要妈妈喂，想想似乎跟她开始憋尿的时间差不多，这让玲玲妈妈有点承受不了。

1岁左右的孩子尚不能自主控制排泄，如果他能够配合撒尿，或及时坐盆排便，基本上都是靠家长掌握孩子的排便规律，并不能证明这么大的孩子已经能控制大小便。

控制排便是儿童发育的重要标志之一。这意味着孩子学会了便前有暂时的等待和到合适的地方去排泄。控制排便是一个复杂的条件反射过程。在这之前，孩子在意识到膀胱或大肠内有充盈感时就会自动排出尿便，这是一种先天形成的无条件反射。但有控制的排便，则是将充盈的信息先反馈到大脑，等到了便盆处，再指令膀胱、肠道括约肌等器官放松并进行排泄。可见这一复杂过程与儿童膀胱、肌肉发育及大脑皮质功能的发育完善密切相关。正常情况下，孩子的大小便训练，可在1岁至1岁半时开始。

下面是训练宝宝上厕所的一些小贴士，父母们不妨参考一下：

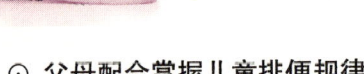

⊙ 父母配合掌握儿童排便规律

一般在睡前、睡后或吃奶、喝水后一小时，让儿童坐在便盆上，用嘘嘘声来引导。通过时间、声音、坐盆姿势等配合，形成排便的条件反射。

⊙ 让孩子坐在便盆上大便

在这段时间里，即使孩子尿裤子了，或是大便已经排出，也应该坚持让孩子去坐便盆，强化排便行为与便盆的联系。父母还可坐便盆给孩子示范，让孩子进行模仿。刚开始训练孩子使用便盆时，坐盆时间不宜超过5分钟，坐盆时不可玩耍及喂食，以培养良好的排便习惯。父母要多观察孩子表情，一般来说，孩子大便前会有放屁、面红、使劲、发呆等表现。

⊙ 培养孩子固定时间大便

培养孩子在固定的时间坐盆，并用"嗯嗯"声相配合，可以逐步养成孩子定时大便的规律。儿童控制大小便的次序是：夜间控制大便——白天控制大便——白天控制小便——夜间控制小便。女孩比男孩控制排便会稍早一些。

绝大多数孩子，约在两岁至两岁半能全天控制大小便。不过，孩子的体格发育存在个体差异，在排便控制上，父母不必相互攀比，只要坚持训练，一定可以获得成功。

我在慢慢长大——探究儿童性发展的规律  第四章

 解决孩子的尿床问题

敏儿快3岁半了，在小区幼儿园上托班，总体还是令人满意的。可有一些事让妈妈感到很困惑，比如午睡是否用尿布的问题，敏儿在家里还是一直用的，而且尿床的概率也是很高的，但幼儿园老师不太高兴用，用她们的话来讲是希望孩子早点独立尿尿，可是明明孩子睡着了，她根本就不知道，这不是说不用尿布就可以让孩子独立起来的事。父母当然希望尊重孩子生理发展的自然规律。即便这样，孩子还是在幼儿园尿湿好几次床铺。这让敏儿父母与幼儿园老师的关系一直很紧张，这该怎么办呢？

孩子尿床确实是很令人头痛，首先父母要找到孩子尿床的原因，不同年龄段的孩子尿床的原因也各不相同。两岁以前的孩子，控制大小便的肌肉能力尚未成熟，尿床是自然的事，但有些妈妈却非常心急，未满1岁便硬要训练孩子大小便，有时虽然可以成功，但孩子到了四五岁时，又可能突然在晚上尿起床来，因此最好还是耐心一点，让孩子懂得控制大小便后再训练也不迟。

孩子到了3岁以后仍无法控制自己的小便，妈妈便要看看训练的方法是否有问题，是否令孩子过度紧张，形成心理压力；又或母亲常在他人面前强调孩子尿床一事，令孩子觉得羞愧，使尿床情况更为严重。妈妈应该用轻松平和的态度去处理，孩子自然随着身体的发育，适时学会夜间控制小便。

孩子到了四五岁，对膀胱的控制已经十分健全，理应不会有尿床的情况，倘若这个年龄的孩子仍经常尿床，可能是心理受困扰所致，必须查究清楚，帮助孩子解除困扰。

妈妈说给孩子的悄悄话

5岁的孩子，基本上已懂得尿床是一件难为情的事，许多时间尿床后都不敢告诉妈妈。日子一久，可能养成孩子自卑的心理，妈妈发觉孩子尿床，不要用严厉的语气去责备孩子，否则会造成更坏的后果。要知道，孩子尿床已经十分难为情，而这是他无法控制的事。

而且每个孩子的排尿功能有较大的个体差异，对于排尿训练的时间也不应扣得太死，但还是有一定的规律可循的。

⊙ 0~12个月的孩子：使用尿布和尿不湿

由于大脑、神经、肌肉尚未发育成熟，不宜过早对孩子进行排尿训练，以使用尿布或尿不湿为宜。

⊙ 12~24个月的孩子：白天把尿和晚上用尿不湿结合

1岁以上的孩子已经会有尿意而要排尿了。此时小儿由于膀胱容量小，排尿次数较多，应每2小时左右给孩子一次排尿机会。同时也可以给予一定信号，如吹口哨声，用以提醒孩子排尿，以避免因长期使用尿布而引起的任意排尿习惯。白天可以不用尿布或尿不湿，但晚上仍要用尿布或尿不湿。

⊙ 2~5岁的孩子：白天主动和晚上被动排尿

此年龄段的孩子，一般白天都能控制排尿，但夜间尚不能完全控制排尿。

白天，教会孩子一有尿意，就要主动告诉父母，父母再带孩子去厕所排尿，就算是用便盆，也要把便盆放在厕所里，以防止孩子养成随地大小便的习惯。

晚上，仍需要父母叫醒孩子排尿，原则上晚上可以不用尿布或尿不湿。

⊙ 5岁以上的孩子：可以独立上厕所

此时孩子可以自己脱裤子、提裤子和擦屁股了，因此家长可以让孩子独自上厕所，在训练独立大小便的过程中，即使有时孩子做得不够好，父母也应该鼓励孩子自己完成，为孩子将来独立生活打好基础。

同时，希望父母在掌握孩子排尿的规律之外，还要注意排尿训练的误区。

我在慢慢长大——探究儿童性发展的规律 第四章

比如过早地训练孩子排尿会造成排尿紊乱；次数频繁也会造成反效果，有的妈妈一个晚上要叫醒孩子3～4次，甚至4～5次，结果孩子的膀胱得不到必要的扩张，膀胱的最大容量得不到增加，也会引起尿床。有的妈妈一到晚上，给孩子屁股下放上尿布或尿不湿，就不管不问了，孩子的膀胱得不到必要的训练，有的孩子也会尿床。同样，有的妈妈晚上把孩子弄醒，要孩子小便，不管孩子如何挣扎、哭闹，不小便就不许孩子离开便盆，这样会使孩子对排尿产生恐惧、紧张心理，同样不利于培养有规律的排尿习惯。

因此，以后孩子尿床的时候，妈妈不要将事情看得太严重，只当它像打翻了汤碗一样去处理便可。晚上最好尽量少让孩子喝汤水，睡前提醒孩子上一次洗手间，便可降低尿床的几率。有时孩子尿床有一种奇怪的现象，就是当大家把注意力集中在这问题上的时候，尿床的情况会更严重。相反，当大家把事情淡忘了的时候，孩子的尿床次数反而会逐渐减少甚至完全不再尿床。

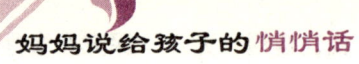

第四节 性蕾期：喜欢炫耀自己的小鸡鸡

宝宝性蕾期的性心理

3岁左右的孩子，处于一个性心理发展的特殊阶段，这个阶段心理学上称为"性蕾期"。如果父母在这个阶段教育不当，可使孩子的性心理发展受到挫折，产生较为深远的负面影响。

在"性蕾期"，幼儿的性心理可有以下几个特点：

⊙ **性骄傲**

当男孩发现自己有一个"小鸡鸡"而女孩没有时，有些男孩会有意在大人面前"炫耀"，如在亲友面前把小便射得高高的，以显示自己有个"小鸡鸡"而骄傲。父母如果发现孩子有这种行为，也不应打骂，可平静而自然地提醒孩子不要当众小便。如果处理不当，孩子的逆反心理压抑下来，成年后易出现"露阴癖"。

⊙ **性好奇**

当孩子开始意识到有男女性别的不同之后，可能会产生好奇心，很想看看异性的生殖器到底是怎么样的。如果父母发现自己的孩子有这种行为，不应该打骂孩子，否则女孩容易因此产生"性罪恶"的观念，成年后易出现性冷淡，男孩会产生逆反心理，成年后容易出现"窥阴癖"。

我在慢慢长大——探究儿童性发展的规律 第四章

⊙ **性别认同混乱**

3岁左右的孩子，父母应明确告诉男孩，长大后会像爸爸一样是男人，告诉女孩，长大后会像妈妈一样是女人。切忌按照自己的"愿望"，把男孩打扮成女孩样，把女孩打扮成男孩样，否则可能使孩子出现性别认同混乱，成年后出现同性恋、异装癖、易性癖。

⊙ **4.幼儿手淫**

3岁左右的孩子往往开始对自己的生殖器产生很大的兴趣，并可从玩弄生殖器中获得快感，造成手淫习惯。如果父母发现自己的孩子有这种不良习惯，既不要惊慌失措，也不要打骂指责。这样做，往往非但无益，反而有害，容易使孩子因心理受打击而产生"性罪恶"观念，成年后阳痿或性冷淡往往与此有关。

 性蕾期，如何对待孩子的性活动

孩子的性活动是无意识的、不稳定的，甚至是盲目的，父母应采取恰当的方式帮助孩子纠正。不要让孩子和父母同睡一床，以避免因父母在睡眠中无意触碰到孩子的性兴奋区而诱发孩子的性感觉。

应丰富孩子的活动，使之多样化、趣味化。培养孩子的多样爱好，使孩子把心思和精力都用在他所感兴趣的活动上，如绘画、玩智力游戏等。

尽量减少环境中诱发性活动的刺激，父母自己的行为需检点，孩子的内衣内裤应宽松些，不要让孩子从事有可能刺激性感区的刺激，如爬树、抱枕头等。

对于年龄较大的孩子，父母可以适当地传授一些性的常识，在平时谈话中多加引导，可运用故事、比喻等方式来说明生育、恋爱等方面的现象。

当父母发现孩子与孩子之间有互相观看、相互触摸等性游戏时，应及时加以阻止，但要注意方法，不要训斥、打骂，而要说明道理，正确引导。

如果孩子确实克服不了这种不良习惯，影响了正常生活，父母应与医生联系，共同查找根源，消除隐患。

当孩子提出性问题时，父母应因势利导，做到以下几点：

1.当孩子提出性问题时，应轻描淡写地回答，不要欺骗，不要不好意思，不要有神秘感。因为孩子的性提问往往是漫不经心的，并没有怎样深思熟虑，更没有什么恶意想法，父母应当了解这点，自然坦诚地回答问题。父母的窘迫与羞怯，只能加重孩子的好奇心，使之对于所提的问题耿耿于怀，牢记在心。

2.应用科学名词解释男女的生殖器，并告诉孩子如何保护它，不能随便玩弄。回答孩子的问题时，不要超过孩子的好奇范围和理解能力，就具体问题回答，不要过深过细，应当通俗易懂，充满自信。

3.回答问题时，应坚决果断、简洁明了，应在语气中表现出权威的、结论性的含义，不要引申，也不宜鼓励孩子引发联想。

总之，在回答孩子的性问题时，父母在语言和表情上应做到恰到好处、自然大方。

我在慢慢长大——探究儿童性发展的规律  第四章

第五节 依恋期：到哪里都要带上小火车

 **孩子恋物因缺乏安全感**

有个男孩4岁了，对玩具火车非常依恋。这位妈妈说，孩子每天只玩这个玩具火车，小朋友只要一碰他的玩具火车，他就出手打人。"出远门的时候，每次都要装上他的玩具火车，有时忘了带，就会大哭大闹，只好回家。孩子是不是有什么问题才这样的呢？"

不仅是玩具，有的孩子对被子也会很痴迷。有位妈妈说，她的儿子4岁了还只用他婴儿时使用的被子，必须盖着这个被子才能睡觉，不管被子如何脏也不让妈妈拿去洗，为此妈妈经常和孩子发生争执。当孩子痴迷于一件物品的时候，父母常常会担心孩子是不是有偏执症等心理方面的问题。

⊙ 孩子为何会"恋物"？

其实，在孩子眼里，这些玩具汽车、玩具娃娃、被子等不仅仅是物品这么简单，它背后往往潜藏着孩子更多的心理需求。

人类在婴幼儿时期，就会通过各种感官来满足探索的需求或安抚情绪，比如满足口腔吸吮的愿望，孩子会吸奶嘴、手指；为满足触觉舒适的感觉，有的孩子喜欢抚摸棉被角、毛绒玩具等。可是，妈妈不可能时时刻刻都陪在孩子的身边，孩子就会把某些物品作为妈妈的象征或替代品，从中获得安

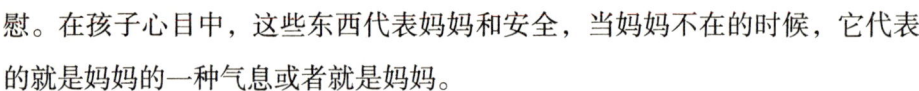

慰。在孩子心目中，这些东西代表妈妈和安全，当妈妈不在的时候，它代表的就是妈妈的一种气息或者就是妈妈。

但这些物品与妈妈不同的是，孩子能控制它，能决定什么时候需要，什么时候不需要，并且当妈妈不在的时候，孩子可以使用它，从而逐渐减少对自己的依赖，这也表明孩子正在用一种积极的方法使自己走向独立。

此外，细心的父母还会发现，通常情况下孩子"恋"上的物品，大多是柔软的，可以拥抱的，这种柔和温暖的感觉就像是妈妈的怀抱。这样一种亲子依恋的表现，正是对皮肤和身体接触的需要。人在一定程度上都存在着身体接触的需要，尤其是在婴幼儿阶段更为强烈，在舒适的身体接触中，孩子会得到一种心理上的放松。所以，孩子会"恋"上被子、枕头、小熊这些物品。

那么，为什么有的孩子有依恋的物品，而有的孩子就没有呢？是他们不需要吗？这有两种可能，一是因为妈妈或其他照管人经常在孩子身边，孩子不需要替代性的安全物品；二是孩子用其他的方法来安慰自己，比如吸吮大拇指、安抚奶嘴等。相对应的，没有可依赖物品的孩子可能对压力或不愉快的感觉不太敏感。心理学家认为，感情敏感的孩子往往更易对某种物体形成健康的依恋。一般来说孩子两个月大时，对压力和不愉快的反应已经显示出很大的差别，这表现为有的孩子心情不愉快时一秒钟也不能忍受就号啕大哭，而有的孩子则仅仅是退缩忍让。

⊙ "恋物"会持续多久？

现在我们知道了，恋物是孩子心理发育的自然的过程，随着年龄的增长，人际关系的拓展与生活作息正常化，多数孩子是不会对这些替代性的安全物产生依恋心理的，长大后自然会对婴幼儿期所依附的物品慢慢转移，而不再强烈需求。总有一天，孩子要放弃他的安全物。

什么时候放弃？没有一个确定的年龄。大多数孩子在上了幼儿园，有了更丰富的生活时，就会放弃安全物，还有的孩子会持续到上小学。如果孩子知道别人会因此而笑话他，就不会再依恋安全物了。

我在慢慢长大——探究儿童性发展的规律 第四章

⊙ 孩子会因"恋物"不"恋人"吗？

孩子天天睡觉抱着小枕头，有些父母就会担心，既然小枕头成了妈妈的替代品，孩子会不会就跟妈妈不亲了？心理学研究告诉我们，父母不必担心自己是否有足够的能力去使孩子感到安慰和舒适。

还没有证据表明那些有安全物的孩子不能放心地依恋他们的妈妈。这些孩子将妈妈或爸爸或安全物看做一个"依恋系统"。不论有没有舒适的"安慰者"，孩子都能健康地成长。

过去存在着一种误区，认为孩子恋物就预示着长大成人以后会有心理问题，而现在，心理学家却普遍认为，安全物在儿童发展中起着重要的作用，因为它可以使儿童学会如何在难以应付的环境中自我安慰。

 孩子恋物需要纠正吗

我家丫头快3岁了，对自己的东西跟得很紧，我们开始觉得这是个好习惯，但后来发现孩子"恋物"的现象越来越严重，比如说总是放不下家里的小枕头，这个小枕头从出生的时候用到现在已经磨得又黄又旧了，可丫头到哪儿都要带着，每天晚上都要抱着这个破旧的小枕头放在嘴边吮吸着睡觉，没有这个枕头晚上就吵着闹着不肯睡，给她换多新多漂亮的枕头都不要。这孩子的"恋物"行为是不是太过了呢？

亲子依恋是婴幼儿时期很重要的心理需求。它的表现之一，就是对皮肤和身体接触的需要。所谓"皮肤饥渴"，就是说，人存在着身体接触的需要，尤其是在婴幼儿阶段更为强烈，在舒适的身体接触中，孩子会得到一种心理上的放松。宝宝正常的"恋物"行为并不是病态，而且是会随着他的成

129

长慢慢消失的，只要情绪、行为等方面发育正常，宝宝对物品的依恋就不是异常的。通常多数宝宝只是在特定的时候才需要依恋物，如必须抱着枕头或玩偶、手捻被面才可入睡等等。对于这种情形，妈妈一般无需干涉，更不应生硬地制止甚至强行夺走宝宝的依恋物。妈妈唯一需要做的就是保证宝宝依恋物的卫生，其他顺其自然就可以了。

一般来说，只要宝宝对物品的迷恋程度没有影响到生活作息，那么家长就无需过度担心。除非是宝宝的依恋行为变成了极端状态，几乎要把依恋物品24小时带在身边，那就要引起高度重视了。比如奶嘴，只在宝宝哭闹不休时拿来使用一下就可以，一旦宝宝经常口含奶嘴不放就麻烦啦，这不仅容易造成门牙突出变形，而且也很容易产生蛀牙。更何况嘴巴里整天塞着奶嘴，宝宝就不愿意开口，学习说话的进展也会很缓慢。

"恋物"本身不会对孩子的成长有消极影响，而"恋物"的源头——安全感的缺失才是家长必须时刻关注的。当你的孩子突然对一件物品产生了特别的兴趣，甚至须臾不可分离，这个时候家长就要对孩子进行心理干预了。具体来说，家长可以做以下几件事：

1.日常的、无条件地拥抱孩子——就算孩子做错了事感到不安，也可以拥抱他。经常性的拥抱给孩子这样的暗示：我在你身边；我爱你；别怕，有我呢；失败了不要紧；你很安全……经常与父母拥抱的孩子，绝不会将小包被或玩具熊当做他的"精神保险带"。

2.鼓励比惩罚有效——父母需耐心地处理孩子的坚持。有些父母会使用一些过激的方式，如把辣椒涂在奶嘴上，涂辣椒具有惩罚的意味，甚至会让孩子产生恐惧，这种影响值得深思。惩罚或给予孩子太大压力，可能会令孩子养成其他更不好的习惯。

3.养成睡前良好习惯——有的家长为了解脱自己，总是对孩子说："自己抱一个你最喜欢的玩具、被子去睡觉。"这为孩子养成不良习惯提供了最佳理由。所以，家长应鼓励孩子睡觉时不要抱娃娃、吸奶嘴等，让他什么都不要做，好好睡觉。

4.陪宝宝一段时间——很多幼儿是在入睡前的不安中染上"恋物瘾"的，如果父母在孩子独睡前陪伴孩子，唱催眠曲或读一两个美妙的童话，等孩子睡着再离开，就不会使他对包被、小熊之类物品过度依恋，一定会令他非常安心。

5.合理借助外在力量——幼儿园的老师，疼他的爷爷奶奶的鼓励，可以转移孩子对物品的依赖。但切记不要因此而给孩子过多的压力，或是要求他立即改掉这些习惯。太多的压力或过于强迫孩子，有可能会使孩子更执著地依恋这些物品。

6.设置情境主动迁移——帮助孩子设定情境或角色，让孩子把所"恋"之物心甘情愿地送给自己最喜欢的小朋友。比如，孩子既喜欢那条粉红色的小手帕，又喜欢阿姨刚生下来的小宝宝。妈妈可以温和地引导孩子把小手帕送给小宝宝，做个有爱心的小姐姐。

7.选择合适的时机进行矫正——三四岁的孩子要比两岁前的幼儿较易改善。应选择孩子压力较少的年龄阶段来矫正，比如第一次上幼儿园，就不是处理问题的好时机。每个转折点孩子都要有一定的适应期，过渡一下再以温和的方式矫正要更有效些。

8.走出去看看外面的世界——钢筋水泥固化了人与人之间的交流，大人们深受其害，就不要埋怨孩子们了！可以多带孩子做室外活动，多交几个好朋友；或者出外郊游，欣赏人文、自然景观，开阔孩子的眼界。孩子的性格开朗了，对物品的依恋自然也会减少。

妈妈说给孩子的悄悄话

 帮孩子度过"恋父"、"恋母"期

有不少家长都会有这样的困惑:为什么女儿总是喜欢纠缠爸爸,而儿子总是抱着妈妈不撒手?

湖北的一位张女士就遇到这样的问题,她有一个女儿,名叫小小。小小今年已经五岁了,非常喜欢爸爸,对妈妈却一般,甚至不愿意妈妈在家。一次,张女士要去外地出差几天,听到这个消息,女儿小小欢欣鼓舞,她高兴地跳了起来:"太好了,妈妈出差,晚上又可以和爸爸睡一张床了!"张女士和丈夫都特别疼爱女儿,但她不明白为什么女儿只喜欢爸爸而不喜欢妈妈?

小小从刚分得清楚爸爸妈妈时,就好像很开心爸爸在自己身边,每每不高兴了就要爸爸抱,爸爸喜欢用密密的络腮胡子刺小小,逗得她直往爸爸怀里钻。父女间的这个亲昵游戏从来未曾断过,如今,小小已经念完幼儿园了,快要上小学了,但只要一有机会,她就想跟爸爸同床而眠。

"小小长得可真像爸爸呀!"每次,张女士和丈夫带着小小出门时,邻居朋友都会这么说。小小的爸爸听到这话时心里像吃了蜜糖一样,他经常在饭局自豪地炫耀女儿跟他有多亲,"女儿这么大晚上还是想跟我睡!"

张女士也非常喜欢活泼可爱女儿,但是,每每一家三口走在一起时,她都会有一种感觉,觉得自己越来越受冷落,有时,她自己甚至会觉得是个"多余人"。这种感觉令她很难受,但又不知如何开口说出自己的心理感受。

直到最近发生的一件事,才使张女士鼓起勇气去咨询儿童心理专家。

我在慢慢长大——探究儿童性发展的规律　第四章

五一时，小小的爸爸去了趟深圳，带回来很多吃的和玩的东西，小小高兴的不得了，搂着爸爸不停地亲，后来，爸爸从包底拿出一件淡绿色的裙子，说是送给妈妈的，谁知，小小立即从爸爸怀里挣脱开来，大吵大闹了起来。此时，夫妻俩才觉得女儿是不是心理上有什么问题，需要看看心理医生。

"小小的确有点心理问题，她的恋父情结有点严重。"心理咨询专家这样说，"但不是什么大问题，而是这个年龄阶段的孩子都容易犯的问题。"

男孩的"恋母情结"和女孩的"恋父情结"是性心理发展过程中的一个特有的情感现象。人在幼年时期，尤其是在3～5岁时期，小男孩盼望自己成为妈妈心目中最重要的人物，小一点的男孩整日与妈妈形影不离，纠缠左右，妈妈坐着，要妈妈抱，妈妈躺着，还会爬到妈妈身上撒娇，晚上睡觉也要妈妈搂着。小女孩对爸爸也有着同样的情感。儿子更依恋母亲，女儿更依恋父亲，这是3～5岁阶段儿童性心理发展过程中出现的一个特有的情感现象。但是，这种恋父和恋母情结并不会持续太久，对于多数孩子来讲，这种现象一般持续1年左右，之后，随着年龄的增长和知识的增加，交际面越来越广，就会顺利度过这一特定心理时期。

但是，如果孩子进入青春期还表现出强烈的恋母、恋父情结，父母就得注意了，这可是心理问题。必须适时对孩子的这种恋母、恋父情结给予淡化，甚至割断。如任其发展，对男孩、女孩的成长会造成不良影响。

当一个人恋母、恋父情结以病态面目出现时，今后的婚姻或婚后夫妻关系就会出现较严重的问题，不容易把感情转移到别的异性身上，甚至不能顺利组成家庭；严重者还会导致性心理发育障碍或其他方面的障碍，影响日后的生活。男孩的恋母情结较严重者，他的表现通常是在母亲面前很乖顺，即使有自己的主意和想法，但为了讨得母亲的欢心和认可，也会不自觉地压抑自己或表现为屈从，这样的男孩子长大结婚后，在处理妻子与母亲的关系时总是会"一边倒"地倾向于母亲。甚至，有的会出现恐婚，或者婚后极端痛

133

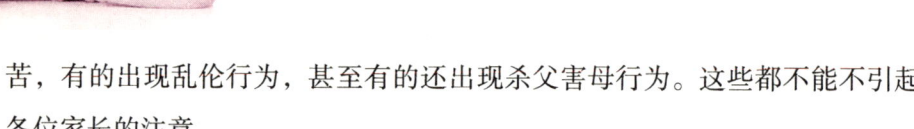

苦,有的出现乱伦行为,甚至有的还出现杀父害母行为。这些都不能不引起各位家长的注意。

有的家长明知自己的孩子有恋父或恋母情结,但怎么劝说孩子都不听。例如,一位妈妈这样告诉心理咨询专家,说自己有个儿子,5岁多了,还要和她搂着睡。儿子特别喜欢黏着她,开始时她很高兴,说明儿子爱自己,但现在儿子大了,都快要上小学了,还像从前那样。儿子有自己的房间,但他不用,他们以为儿子胆小害怕,又给儿子在他们的房间里安放了一个单人床,可儿子还是不肯在自己的床上睡,总是要跑过来和妈妈睡一个被窝。他们不让儿子进来,但晚上,儿子会趁父母不注意,偷偷地溜到父母房间,然后脱了衣服钻进妈妈怀里。这位妈妈觉得儿子就要变成一个小男子汉了,可还这样不能独立。她实在为儿子担心。她害怕再不纠正儿子的这种行为,等到了青春期,各种性格等基本定型时,就再也没办法扭转了。为此,她非常着急。

我们已经说过,男孩有过分恋母倾向,女孩则有恋父倾向,这种情况并不少见,有的男孩每次都要先接听妈妈的电话,如果是男的,便问得一清二楚,"你是谁"、"你和妈妈什么关系"等等。而我们许多家长朋友们总以为爸爸更亲女儿、妈妈更亲儿子是天经地义,却忘了自己格外亲子女的时候,还应该加倍地鼓励和引导男孩去崇敬父亲、女孩去理解母亲。有的夫妻甚至展开"亲情争夺战",都希望独生子女更亲自己,却忘了自己和孩子的性别。孩子的这种过分恋母恋父倾向发展到后来会影响孩子的性格、学习、社交,造成负面影响,将来不能适应社会,甚至影响婚姻生活。所以,专家提醒广大父母:爱孩子,并不等于对他们百依百顺。

专家分析了恋父恋母情结出现的原因,得出一个结论:恋父、恋母情结的形成与父母对子女不正确的爱密切相关,如父女关系母子关系超过了夫妻关系,又如女儿或儿子很大了还挨着父亲或母亲睡,甚至父母喜欢把他们当做幼儿一样经常拥抱和亲吻。另外,父母的生活习惯、行为方式等也会引发这种现象,如夏天在子女面前只穿着内衣裤,洗澡时或睡觉时不注意,让孩

子看见了裸体等，这些无疑加剧了恋父或恋母现象的产生。

孩子从小就养成恋父或恋母情结当然不好，父母一旦觉察发现，就应适时地对此加以淡化。适当、适时地和孩子"分离"，也是一种对孩子爱的体现。

⊙ **帮助孩子淡化恋母、恋父情结**

1. 亲疏有度。

3～5岁的孩子已经进入性别确认期，他们往往通过父母产生性别意识。如果这一发展阶段出现停滞，往往会影响孩子日后的心理发育，甚至出现行为异常。因此，每一位家长都要密切注意孩子的这个倾向并妥善处理。

亲疏有度可以防止孩子出现恋父或恋母情结，如果发现孩子有恋父或恋母倾向，家长要适当限制其与异性家长的过分依恋行为。例如，在对女儿的护理活动中，父亲也要注意减少对女儿日后发展为性敏感区部位的刺激，适当减少与女儿肌肤的接触，逐步以成人异性之间（非恋爱关系）表达爱的方式来代替。少让女儿骑跨坐在腿上、脖子上，少搂女儿，少跟女儿一起睡觉，不与女儿一起沐浴，不要和女儿嘴对嘴亲吻。同样，在对儿子的照顾中，母亲要避免过分与儿子亲昵，要及时阻断男孩的"恋母情结"，适时地淡化这种心理状态，使他们的身心得以健康地成长。

2. 适时分床、分房。

这方面，我们应向欧美等西方国家学习。欧美不少国家的孩子很早就同父母分床了，甚至在婴儿期，父母就为自己的孩子准备了一张自己的床。孩子进入幼儿期后就自己和父母分房了。

由于过去的习惯和传统，我国的孩子一般在婴幼儿时期都和父母同房同床，这不利于孩子独立性的发展。所以，父母朋友们应该在孩子能够接受的情况下，逐步与孩子分开睡，让孩子从小不过分依恋父母中的任何一方，让他们知道父爱和母爱是相等的，这样，孩子的感情天平才不会倾斜，孩子才能够健康成长。

3.培养孩子交往能力。

对于有"恋父、恋母"倾向的大孩子,要减少其和依恋一方的接触。对孩子进行社会性别角色再教育,让孩子学会和异性交往,逐渐摆脱这种过分的依恋。

父母在孩子幼年时应该主动地多跟同性孩子一起玩,把交流和示范融会在共同玩乐之中,如父子共同"骑马打仗"、"捉蚂蚁",母女一块儿打扮布娃娃、跳皮筋,这些都有利于让孩子心理健康的成长。注意培养孩子和同伴交往的能力,帮助他们顺利融入同性伙伴中。

发现孩子有过分恋父、恋母倾向,父母双方都应该逐渐减少孩子与同性家长接触的时间,对孩子进行社会性别角色再教育,摆脱孩子对家长的依恋,帮助孩子走向同性家长和同性同龄伙伴,进而将来走向异性同龄伙伴。

4.适当和孩子分离。

奥地利心理学家阿尔弗雷德说:"真正的爱,母爱的真正本质在于关心孩子的成长,这也就意味着母亲和孩子的分离。"有关专家在幼儿园进行的一项观察,最后的结果显示,真正会爱孩子的父母,他的孩子在各方面发展得都非常出色。比如:孩子对父母的依恋程度较小、独立性较强,不仅思维开阔,自信,记忆力好,而且解决问题的能力强,孩子更快乐无比。

5.适当培养个性。

要使孩子有一个正确的性别意识,比较合适的做法是,在与子女的亲近过程中,应该加倍鼓励和引导男孩去崇敬父亲,女孩去理解母亲。作为家长,应更加主动地多与同性别的孩子一起玩,如父亲可与儿子共同玩射击、骑马等游戏,母亲可与女儿一块儿弹琴、唱歌、跳舞等,潜移默化中就会增强孩子的角色认同感,也能够培养出孩子良好的个性来。从而顺利帮助孩子度过恋父、恋母这段危险时期。

我在慢慢长大——探究儿童性发展的规律 第四章

 潜隐期：对周围世界充满了好奇

 用好奇的眼睛看周围的世界

一个6岁的男孩和妈妈散步的时候，看到两只狗正在交配，男孩不理解，于是问妈妈："它们在干什么？"妈妈不理，也不回答孩子的问题，只催促儿子："快走！"可儿子仍然一个劲地追问下去，想问个明白，最后妈妈竟恼怒地打了儿子一记耳光……

孩子对世界万事万物都充满着好奇心，对动物性活动的观察和研究是他们探索世界的一部分。动物不穿衣服遮盖生殖器，并且毫不隐瞒其性交的过程，让孩子可以有很多机会观察到动物的性活动，孩子对动物的性活动不可能理解，于是他们开始向父母提出问题。父母应该怎样来回答孩子的问题呢？恼羞成怒绝对不是什么好办法。

京京5周岁，他对动物和人的生殖器都非常感兴趣，每次小猫小狗经过，他总是蹲下来看，还会告诉家里人小猫的小鸡鸡长了毛毛，小狗的小鸡鸡是红红的。有一次他指着一只母狗（母狗刚生了小狗，正在喂奶期，有很多乳头）发问，为什么那只狗狗有那么多小鸡鸡？搞得大人们哭笑不得。他一旦发现爸爸、爷爷、妈妈等大人上厕所就赶快跑进去看，还自编了首儿歌：谁

妈妈说给孩子的悄悄话

的鸡鸡大，谁的鸡鸡黑，谁的鸡鸡最最小……并且不分场合大声唱，爸爸妈妈跟他讲很多道理他也不听，反而越说还越来劲地唱，孩子这样的情况，父母该如何教育？

我们为何不认为京京是一个观察力和探索欲非常强的孩子呢？5岁的京京正是处于性心理发展的第一个高峰时期。而且他还多才多艺，将他的发现编成儿歌，孩子在探索和发现中获得了多大的快乐啊！如果孩子发现的是苹果为什么落到地上的秘密，编出来的儿歌也与性器官无关，父母一定会欢呼雀跃，认为孩子是天才，父母一定不会去阻止孩子观察苹果落地的过程了。可是，孩子观察的对象是性器官，孩子并不知道观察苹果落地和观察性器官有什么不同，都是他所见到的这个世界，他还不知道成年人对性的禁忌。孩子仿佛无意中闯入一个成年人制造的禁区，父母的干涉就是必然的。父母不必对孩子的问题感到大惊小怪，而应该以平常心对待。潜隐期的孩子对世界充满了好奇，其中当然包括性活动，父母表现得越自然，越有利于孩子的顺利过渡，也更益于孩子的健康发展。

 性好奇是如何产生的

性是人类一辈子的好奇。

我们必须承认，孩子对人体是很好奇的。孩子会通过观看、触摸、语言，或者其他方式来满足他对性的好奇心。很多父母难以明白，孩子为什么会有想去互相拥抱、亲吻别人，或触摸看看别人性器官的好奇心？下面我们就通过几个方面来了解一下：

1.从父母或长辈中模仿而来：孩子从平常看见父母或长辈的行为，如拥

抱、亲吻或爱抚中,获得快乐、得到满足模仿而来。

2.好奇心得不到满足:孩子的父母很保守,或者不知如何和孩子谈性知识,孩子无法从父母那儿得到性的知识与了解性问题,只好用自己的方法去掀开性的好奇之窗。

3.这是一种吸引别人注意的行为。孩子每天在学校中打打闹闹,因此偶尔也会想开开别人的玩笑,逗逗自己喜欢或讨厌的同学,所以会有一些小动作出现,如:偷亲自己喜欢的小女生、去掀自己讨厌的女生的裙子,以及触摸自己同学的屁股等自以为开玩笑的动作。

4.这是一种对大人的反抗行为。有些父母过分地认定孩子玩弄自己的生殖器,是一件非常丢脸、不乖的行为,因此会对孩子加以处罚或责骂,造成孩子心理上的自卑感,等孩子上了幼儿园之后,老师也无法给他正面的教导,造成孩子会借着抚摸自己或碰触别人,来反抗父母或老师的权威。

5.从荧光屏(电视、电影)中学习而来:现在资讯非常普遍,每个孩子每天都可以透过荧光屏,观赏到男女主角的各种亲密行为,于是学习他们的亲密行为,借着拥抱、亲吻、触摸等动作,来表达心中的爱慕之情。

性好奇会对孩子产生哪些影响

性好奇对孩子成长和学习的影响好坏皆有。孩子成长到一定阶段,自然会对自己的身体和异性产生好奇,在这探索的过程中,孩子的身心也在不断地成长和成熟。所以,父母要客观地看待孩子性好奇这个自然的现象。

1.性好奇对孩子好的方面。

知道男女有别;懂得尊重别人;形成正面的性态度;对自己充满自信。

2.性好奇对孩子坏的方面。

不知男女有别；不懂尊重别人；有些孩子不恰当的性好奇行为，常被归纳为不要脸；被怀疑家庭有问题；对自己产生自卑。

如何处理孩子性好奇

当孩子对性产生好奇时，父母该如何处理？

⊙ 轻松的聊天

父母可以采用聊天的方式，了解孩子的行为动机，每一个孩子都是天真纯洁的，他的许多行为都是模仿学习而来，因此当孩子出现一些令你惊讶的行为时，不妨轻松地和他聊一聊、鼓励他多说话，这时便会发现真正的原因，然后再慢慢纠正他。

⊙ 换位角度

父母不要以大人的眼光来看待孩子性好奇的这个行为，因为孩子了解的是他的世界，所以他所表现出来的动作、行为，终究是属于孩子的世界。

除非孩子这样的行为一再出现，并造成别人的不舒服或两人之间的冲突，否则，父母不必刻意去特别注意。

⊙ 态度很重要

不要去责骂或打孩子，孩子通常把拥抱、亲吻或掀裙子当做是一种游戏行为，如果父母责骂孩子甚至殴打孩子，将造成孩子的反感及故意行为。

父母不妨假装没看见，先不理会，等到孩子玩一两次之后，就会觉得无趣而不玩了；或者，父母也可以给孩子正面的引导，让孩子自己去询问当事人，愿不愿意让她亲吻、拥抱或者掀裙子，让孩子学习尊重别人的身体，而不可以随便伤害或令他人不舒服……目前各种资讯非常发达，只要打开电

视,处处可见到各种吸引孩子注意与好奇的性行为,我们无法让孩子和社会隔绝,只能在尽可能的范围内,帮助孩子了解,说明在我们的社会中有两种不同的性别,当有关性的刺激出现时,也尽量把他导向社会化的行为,同时还要打破大人旧有的成见及传统的观念,引导孩子走向正确的性行为,才是父母们的当务之急。

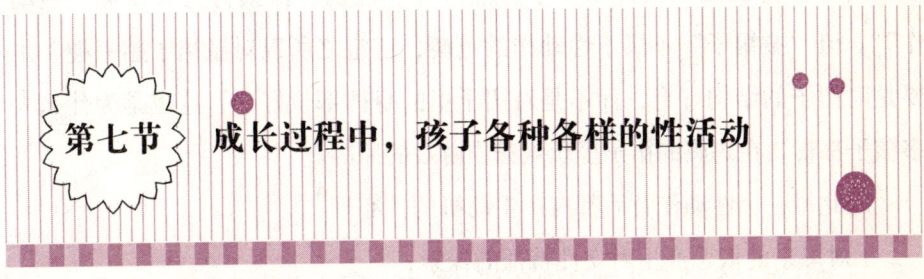

第七节 成长过程中,孩子各种各样的性活动

男宝宝爱摸妈妈的乳房

"哎呀,这孩子怎么没事就喜欢来摸妈妈的乳房啊!男生不好这么色吧!""真晕!一不注意就把我的裙子给掀开了,有时还跑去掀别人的裙子,弄得我好尴尬!"

2岁左右的宝宝常会出现喜欢摸妈妈的大腿、摸妈妈的乳房等动作,其实这些"性动作"是宝宝的大脑在告诉我们:他的"性意识成长关键期"到了!如果在这段时期,家长肤浅地把孩子成长的"性动作"贴上"耍流氓、好色"的标签,或用"打手"来制止,则会对孩子性别意识的建立造成不良影响,严重的则会造成性别扭曲或易性癖(同性恋)。

妈妈说给孩子的悄悄话

"性意识成长关键期"的幼儿获得性满足的途径大体有两种：

第一种是通过自体享乐，以获得快感。即在自己身上寻找性对象，如吸吮大拇指、触摸小鸡鸡（阴茎）或阴唇、喜欢被人抚摸身体，有的甚至会夹紧大腿进行摩擦或跨坐在椅子扶手上来回移动等等。

第二种是通过探索他人身体以获得快感。如摸玩并亲吻妈妈的乳房、看见光滑的大腿会不由自主地伸手去摸、开始关注他人的身体（老想跟着爸爸、妈妈上厕所，对妈妈的内衣产生兴趣）等等。这些敏感行为都属于幼儿在经历"性意识成长关键期"中对性器官、性别的探索行为，简称"性动作"。但"掀裙子"不属于性动作的范畴，宝宝之所以对掀裙子感兴趣，主要是对裙子的结构好奇，而不是对裙子里的身体部位好奇，这也是为什么大多孩子都喜欢在妈妈的裙子里玩藏猫猫游戏的原因。

因此每一个性动作背后都有产生动机的性心理：

1.对母亲的依恋产生对女性特征的探索；

2.认知能力的发展开始产生对性别特征的初级探索；

3.无意识的接触带来快感后，发展为有意识。就是孩子在小便时，会渐渐发现自己的性器官；而在无意识的触碰时，发现它（小鸡鸡）会变硬，还会给自己带来不一样的快感；女孩则发现摸摸自己尿尿的地方会有特殊的感觉，正因为这些感觉便引起了宝宝对性的兴趣和好奇。

总而言之，这些性动作跟成长有关，跟"好色"无关，而这个"性"确切地说是"性别"，所以，切勿以成人的标准来给孩子贴标签！

我在慢慢长大——探究儿童性发展的规律  第四章

怎样帮孩子克服"恋乳"情结

我的儿子今年5岁了，感觉他很喜欢摸我的乳房。我不知道该怎么办？

他是10个月时断奶的，吃母乳时没有摸乳房的习惯，只是一只手拍我后背。断奶后用奶瓶吃奶时，要一边摸着乳房一边吃，不许的话就有些烦躁。这种情形持续了大概一年左右，主要是保姆喂奶时他才这样。给孩子断奶前后我都在上班，但中午和晚上都在家吃饭。

儿子渐渐长大后，喜欢跟大人开玩笑，摸大人的腰啊，挠痒痒什么的。看到有人给孩子喂奶也会在一边观看。今年五一出去玩，他舅妈在公园给妹妹喂奶，他赶紧站在前面挡住，不让别人看见。还有一次，舅妈喂奶时，他在旁边捏舅妈的乳房，我把他拉出去了。

平常他想摸我乳房时，我一直没有让摸，他有意无意的触碰我到胸部时，我也没有明确地说他，怕说多了，反而不好。只是委婉地提醒他："人的身体有些是隐私部位，不能给别人看和摸，也不能去摸别人。"

昨天在商场，他和同学公然地去摸模特的胸和大腿间。我忍不住又有些担心了，他这样正常吗？说实话，现在我自己都有点怕儿子抱我了。

⊙ 孩子"恋乳"的心理原因

从出生到一岁的孩子心理学上称为乳儿期。乳儿，顾名思义就是吃奶的孩子。孩子吃母奶，不仅仅是满足生长发育的需要，更是安抚和亲密的源泉。这方面有很多相关的心理研究和实验。

比如，心理学家哈洛等人设计了一个实验，研究幼小的猴子对母亲的依恋。他制作了两种假的猴妈妈：一种假妈妈是用铁丝编成的；另一种是先做一个母猴的模型，之后套上松软的海绵状橡皮和长毛绒布。实验的时候，把刚刚出生的小猴放进一个笼子里，观察它究竟喜欢里面的铁丝妈妈还是布妈妈。一个有趣的现象出现了：如果铁丝妈妈身上没有奶瓶，而布妈妈身上有，小猴很快就和布妈妈难舍难分；即使奶瓶放在铁丝妈妈身上，小猴也不愿意在铁丝妈妈身边多待一会儿，只有感觉饿了才跑去吃奶，其余的时间都依偎在布妈妈的怀里。哈洛等人对此进行了解释：小猴对母猴的依恋并不只是因为母猴能给它喂奶，更重要的原因是母猴能给小猴以柔和的感觉。

这个实验说明：孩子不仅仅需要母亲的乳汁，更需要母亲的爱！喂奶满足的是孩子物质和精神的双重需要。同样让孩子吃母奶，母亲的态度不同对孩子的影响也不一样。如果母亲把喂奶当任务，孩子吃着奶，自己却想别的，或者孩子一哭就用奶头堵嘴，会让孩子感到焦虑烦躁；如果把孩子抱在怀里，妈妈一边微笑一边轻拍孩子，孩子一边吃奶一边倾听妈妈熟悉的心跳和亲切的话语，孩子不仅饱吸了甘甜的乳汁，而且享受到了醉人的母爱，会身心和谐。所以，吃奶的孩子"恋母"也"恋乳"，母亲正确的喂奶方式，有利于孩子的身心健康。据研究，一个成人良好的习惯，有规律的生活方式，往往与乳儿时期吃奶时的习惯有关。

⊙ **谨防不恰当断奶引发的各种断奶后遗症**

随着宝宝月龄的增大，母乳已很难满足孩子成长发育所需的营养了。所以，一般父母会在宝宝长到10～12个月时，给孩子断奶，这是第一次"生理性断乳期"。

对于通过吃奶对母亲产生亲密依恋的孩子来说，断奶不单单是营养的转变，更重要的是在情感上失去在母亲怀里吸吮和偎依的机会，断奶的孩子情感上很敏感，更需要母亲情感上的高度关注。孩子在断奶阶段最需要的，是母亲让他确信他依然是被爱着的。

例子中的妈妈在孩子断奶期间，自己忙于工作，只在吃饭时可以见到孩子，孩子主要由保姆来带，保姆用奶瓶喂奶时，孩子因为缺乏安全感，烦躁不安，出现抚摸保姆乳房寻求慰藉的行为，她和保姆对孩子这种行为没有及时纠正，而是听任它持续了一年。由此可知，她5岁的儿子之所以对乳房有特殊的兴趣，就是当年断奶方式不恰当，他出现"摸乳"行为时没有及时纠正而延续下来的断奶后遗症。

⊙ **怎样帮孩子克服"恋乳"情结**

断奶期是第二次母婴分离，也是宝宝成长过程中的一个重要里程碑。从完全吸食母奶到断奶，习惯于母亲香甜的乳汁到彻底告别，孩子需要一个适应过程，更需要母亲采取正确的断奶方式并对断奶期间孩子出现的各种不良行为及时矫正，帮孩子从生理到心理上戒断对母乳的依恋。

对于断乳期孩子出现的摸乳房、摸耳朵、咬被角等行为，你不妨尝试以下一些方法：

1.转移注意法。

孩子出现碰触乳房行为时，不动声色地握住他的手，拉着他去做他感兴趣的事情，比如，讲故事、玩游戏、和他一起看动画片等等，转移他的注意力，也逐渐淡化他对乳房的关注。

2.亲子沟通法。

孩子摸乳其实是情感上依恋母亲，渴望母爱的信号，所以，不管工作多忙，每天一定抽点时间陪孩子，跟他交谈，陪他游戏，跟他做朋友，让他享受到充沛健康的母爱，如果孩子能感受到并且获得了安全感，自己就会减少对母乳的依恋。

3.环境熏陶法。

给孩子布置充满温馨与童趣的房间，鼓励孩子听音乐，看适合他的漫画与图书，培养孩子的兴趣与爱好，引导他过充实而有规律的生活，条件允许的话，经常陪孩子到大自然中走走，让绚丽多姿的大自然开阔他的视野，陶冶他的心灵，丰富他的内心体验，让孩子在心旷神怡中养成开朗豁达的心

妈妈说给孩子的悄悄话

胸，转移摸乳房的不良习惯。

4.情理说服法。

5岁的孩子还是天真烂漫的儿童，母亲因势利导，对他进行情理说服。也可以达到一定效果。

比如，她说"舅妈喂奶时，他在旁边捏舅妈的乳房，我把他拉出去了"。拉出去只会增加孩子的好奇心，如果把他的手轻轻握住，蹲下来和颜悦色地问他："妹妹这么小，吃奶时，都不摸她妈妈的乳房，你这么大了还去捏，妹妹长大以后会羞你的。你想让妹妹这样羞你吗？"然后用手指比划着做羞他状，在嬉戏中让他感到惭愧，自觉收敛行为。

对于他在商场和同学摸模特的胸和大腿间的行为，可以请商场的工作人员出面制止，利用职场权威对他们起到警示作用，母亲趁机委婉地提醒他们，这类行为是不受欢迎的，希望以后不要再犯。

 警惕宝宝的"夹腿综合征"

近日，珊珊的妈妈发现珊珊出现了一种怪毛病：在晚上刚入睡或早上刚醒来时，常会突然把两条腿夹得紧紧的，并反复擦动，同时，两眼瞪得圆圆的，眼光发直地凝视着一处，两颊胀得绯红，一动不动，一声不吭，全身出汗。经过2～3分钟自行停止，可间隔一两天又会发作。珊珊妈妈看到她的这种行为十分不解，问她是不是哪里不舒服，可珊珊只是摇摇头，很不好意思。而且，珊珊最近常常做出这种"奇怪"的动作，急得珊珊妈不知如何是好。

医生告诉珊珊妈，这种情况医学上称为"夹腿综合征"，主要症状是以夹腿为主要特征，并不断摩擦会阴部的一种习惯性动作。

我在慢慢长大——探究儿童性发展的规律 第四章

"夹腿综合征",对这个陌生的医学名词,珊珊妈感到很茫然,但一想到是种疾病,珊珊妈立刻紧张起来。接着,医生耐心地向珊珊妈解释,"夹腿综合征"多见于2～3岁的幼女,也可以发生在男童身上。多数小孩在刚入睡或刚醒来时发作,一般数天发作一次,个别小孩可一天发作几次。发作时神志清醒,双下肢伸直交叉或夹紧,手握拳或抓住东西,女孩还喜欢坐硬物,手接腿或接下肢部,也有腿之间夹物;男孩多表现为伏卧在床上来回蹭,患儿发作时阴茎有勃起,尿道腔水肿,女孩阴道内分泌物增多,伴面色发红、出汗、呼吸粗大、会阴肌肉收缩,每次持续数分钟或更长时间,严重者持续不断,若中途阻止其动作患儿往往哭闹不安,还要恢复原来的状态。

从儿童性欲学来分析,1～3岁时小孩对"性"的需要已经从口腔(口欲期)转向肛门区域(肛欲期),继之又转向生殖器区域。因此,2～3岁时小孩出现这种夹腿习惯与儿童性欲的生理发展是相适应的,并不是一种严重的疾病。

从某种角度来说,儿童这种"夹腿"行为属于一种自淫行为,是对外生殖器的一种泛化的压迫,但与青春期、成年期发生的局限于外生殖器(如阴道、阴茎等)的手淫又有所不同。这是因为儿童可以接受来自外界的性信息或性刺激,但却不能在内心深处去意识和理解它。一般来说,小孩这种夹腿习惯到了一定年龄就会消失或者以手淫行为替代。

需要注意的是,小孩的这种自淫行为可以在几个月大的婴儿时就出现。表现包括阵发性身体扭转、面发红、出汗、呻吟等。因此往往引起家长担忧,也会误诊为癫痫或其他严重疾病。

⊙ 哪些因素可加强此症?

1.家长对孩子腿部、会阴区的刺激过多,包括清洁护理擦洗过频;

2.蛲虫病、外阴湿疹或裤子太紧等引起的局部搔痒、摩擦;

3.缺钙导致的交感神经应激性增强;

4.个别儿童因缺乏母爱或遭受歧视,感情上得不到满足,通过自身刺激来发泄等。

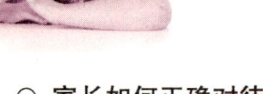

⊙ 家长如何正确对待？

发现孩子出现"夹腿综合征"，应该及早向儿童心理专家咨询。但最重要的还是家长对待孩子的态度，焦虑或紧张的情绪会"传染"给孩子；责骂惩罚，或强行制止、吓唬，会让孩子有罪恶感，都会伤害到孩子的心理，甚至影响她长大后的性心理。

⊙ 家长如何帮助小儿纠正？

家长可在医生帮助下，认真检查小孩身体局部是否存在不良刺激因素，若患有蛲虫、外阴湿疹等疾病时，应及时医治。

若排除了上述这些不良刺激因素，家长应在实际生活中帮助小孩，建议妈妈们从以下几个方面帮助孩子进行调适：

1.丰富孩子的生活，引导孩子多参加各类有趣的活动。丰富有趣的生活会在无意间冲淡重复夹腿动作的欲望。

2.孩子的生活要有规律。作息时间安排紧凑，睡前醒后不让孩子一个人在被子里待过长的时间。

3.睡前引导孩子心理放松。和孩子一起听听音乐，或在音乐中给孩子讲故事，让孩子在一种轻松愉悦的氛围中入睡。

4.转移注意力。当家长发现小儿"夹腿"动作将要发生，或正在发生时，家长可装作若无其事，没有看到，将小孩抱起来走走，或给一些对小孩具有更大吸引力的玩具、卡通片等，以转移孩子的注意力。

5.只有在问题比较严重时，才有必要以孩子适宜接受的语言，和孩子谈谈这种行为对生殖器及其身体可能产生不良的影响。应注意的是在孩子一旦淡化了这种行为后，家长就不必再提及此事，避免无意之间反而产生强化作用。最好采用忽视法，从而分散其注意力。

6.注意孩子健康性格的培养。根据造成孩子这种行为的起因，家庭要注意在日常生活中培养孩子活泼开朗的性格和人际交往的能力。

总之，父母千万不要为此而大惊小怪。因为成人的大惊小怪实际上等于一种强化刺激，使孩子的有些习惯动作更巩固，钉在了孩子身上难以消除。

所以,一定要处之泰然,措施自然,在自然而然的情境下引导孩子淡化夹腿的行为动机,从而使这种行为习惯逐渐消除。

 看到孩子画大人的性器官

许多家长都希望孩子将来能做一个画家,希望孩子从小就爱上绘画。但是,如果有一天,你发现孩子在自己的纸上画了一个没穿衣服的人体,上面居然还有胸和生殖器官,怎么办?

雷雷的妈妈就曾遇到过这样的事:一天晚上,雷雷和妈妈又像往常一样画起画来,不过,这次有意思的是,他们俩人互作模特让对方画。妈妈不是学画画的,所以,半天还没画完,这时,雷雷悄悄走到妈妈身边,突然很神秘地说道:"妈妈,我画一副'流氓的画'给你。"

然后他笑眯眯地站在一边,起先,他还有些不愿意给妈妈看,但妈妈坚持说自己想看一些什么是"流氓的画",于是,雷雷将自己画好的画递给妈妈。原来是一副没穿上衣,但穿了裙子的女人画,画中的女人扎着两个辫子,还有胸部、裙子、腿。在妈妈看画的时候,雷雷嬉笑个不停,感觉像做了一件十分兴奋的事情。

妈妈默不作声地看着,脸上并没有什么表情,最后,她淡淡地先评价了雷雷画中的头发,问雷雷画中的头发为什么都是竖起来的,接着又评价了裙子,然后,妈妈指着被雷雷画成两个大椭圆的胸部说:"这是什么,咪咪吗?哦!这么长?"

也许是感觉特别有趣,雷雷听了妈妈的话忽然笑出声来,妈妈知道他所说的流氓就是指这儿了,但仍然很平静地说:"笑什么?画得挺好的。"被妈

妈妈说给孩子的悄悄话

妈这一说，雷雷的笑声小了些，只露出微笑。后来他和妈妈又擦了接着画。

妈妈说，雷雷平时多和爷爷奶奶在一起，可能是爷爷奶奶的训导，使雷雷认为画上胸部就是"流氓的画"。雷雷的妈妈心里明白不能责怪孩子，但她也不知道该怎样正确引导孩子，还有，雷雷妈妈非常担心雷雷再有类似的行为、表情或动作，她真的不知道该怎么来对付。

类似的事件还有一例，但家长的处理方法却不同。

陶陶刚上小学，他是一个非常喜欢画画的孩子，而且画得又快又好，画完后总能得到老师的赞扬。一天，老师让同学们画一幅自己母亲的像，陶陶又是第一个完成。然而，老师看了他的画之后吃了一惊：这个6岁的男孩子居然在妈妈的胸部画上了乳房。老师没有作声，放学时，碰见陶陶的爸爸，老师将这件事告诉了陶陶的爸爸，并将大作拿给爸爸看了。爸爸当时也是大吃一惊。回到家后，陶陶的大作又被妈妈拿去看，爸爸一边训斥陶陶，一边责备妈妈不该带孩子一起洗澡。陶陶不知道自己究竟哪里做错了，爸爸这样责备自己，委屈地哭了起来。结果爸爸还威胁说再哭就打他。

以上两例中，雷雷的妈妈以及陶陶的爸爸看到孩子画成人的身体，都感到有些忧心忡忡，他们都担心孩子过早接触这些富含性色彩的事物会影响孩子将来的性观念，甚至可能导致性犯罪，但是，两人对于孩子的处理是不一样的。在不知道如何做才能避免孩子再画这类成人画的时候，雷雷的妈妈是不动声色，平淡冷处理，陶陶的爸爸则表现得太急躁，他甚至责骂孩子，这是绝对错误的。

孩子对于性的真正含义并不理解，他们在自己熟悉的家人身上画上乳房或者性器官，往往只是为了突出爸爸妈妈的性别特征，并不说明有什么邪念，相反还可从中看出孩子有较强的观察和表达能力。如果像陶陶的爸爸那样，对孩子不分青红皂白地责备一通，不仅伤害了孩子的自尊心，而且会使他产生"性是下流的、不好的,是不能碰的"的想法,有时反而会激起他对性器官强烈的好奇心,导致孩子对性理解的扭曲,甚至造成精神方面的压力。这对孩子未来的健康生活会造成巨大的影响。

⊙ **父母应采取的做法**

1. 应该给予孩子充分的肯定。

因为,孩子能正确地画出大人的性器官说明了孩子对性别已经有了一定的了解和认同,他们很勤奋,而且善于观察,能够抓住事物的特点。这一点值得父母为之骄傲。

2. 父母要给孩子正确积极的引导。

父母亲可以这么说:"画得真不错,比以前进步不少。可是妈妈平时是这样的吗?如果像你画的这样,她每天还能去上班吗?你想想,妈妈穿什么衣服最漂亮?我们一起给她画条连衣裙好吗?"有了家长的赞扬,孩子会明白什么是美,以后就不会再画性器官了。

孩子对于性的了解并不多,他们就像一张白纸一样,家长灌输的知识和自己的思想都会在纸上天真无邪地表现出来,有些可能是大人们无法理喻的。作为父母,不能听之任之,可以趁机正确地引导孩子对性的认识,让孩子健康快乐地成长。

妈妈说给孩子的悄悄话

 孩子喜欢偷看大人洗澡

孩子对人体的好奇心，随着年龄的增长而越来越强烈。当这种好奇心积累到了一定程度，就会产生类似偷窥的行为。面对这种行为，家长往往以成年人的心理去思考问题，把这件事同肮脏、心理不健康、流氓等词句划上等号。其实，孩子是种很自然的反应：他们有这种好奇心。

对于孩子的偷窥，家长的反应和处理是不同的，下面列出三种典型的处理方式：

妈妈洗澡的时候，6岁的儿子透过浴室的门缝，悄悄地向里面看。

结果，妈妈发现了。

⊙ 反应处理一

"坏小子，这么大点儿，好的不学，坏的倒学会了啊？"妈妈揪着儿子的耳朵，边打他的屁股边大吼，"让你不学好！让你不学好……"

"没有，我没有……"儿子反抗。

分析：妈妈在发现孩子这种行为时，大惊小怪，反应激烈，把孩子的行为定性为不学好的人。挨了打的孩子，虽然可能因此而明白了这是件不好的事情，但究竟因何而不好，却毫不知情。不过，有一点，他却印在了心里，那种好奇是罪恶的，这并不利于孩子的健康成长，甚至会令孩子的性心理产生扭曲。

我在慢慢长大——探究儿童性发展的规律  第四章

⊙ 反应处理二

妈妈虽然发现了儿子的举动，但不动声色。冲完凉后，回到客厅，擦着头发与爸爸随意地聊起来。

"浴室的门应该修一修了，我在里面都能看到外面了。"妈妈大声说，好像故意说给儿子听的。

分析：妈妈的表现虽然不像打骂孩子那么激烈，但是，她顾左右而言他的方式，令孩子不但无法得到正确的知识，而且在心理上蒙上了一层阴影。潜意识当中，孩子那种想弄个清楚明白的好奇心将越来越浓。

⊙ 反应处理三

妈妈匆匆地洗完澡，到书房找了一本关于人体的画册。

"爸爸是男人，妈妈是女人……世界上有两种人，"妈妈指着画册上的人体对儿子说，"一种是男人，一种是女人……无论是什么人，都要互相尊重，不能偷看别人，那是隐私……"

分析：妈妈拿一本关于人体的画册给孩子讲解的做法是正确的。她把男性女性的人体，作为正常的知识讲解给孩子听，让孩子明白：男性与女性并不神秘，是再正常不过的事情。不过，同时，也告诉孩子，这属于别人的隐私，所以，不应该偷看别人。

通过比较，可以看出，反应处理三中妈妈的做法是正确可取的，前面两种都是错误的做法。孩子对于两性的好奇心，是孩子好奇心中的一种，只要把正确的知识，以平静的表现方式教给他，他也就能以平静的心态接受。

在现实生活中，当父母亲洗澡时，孩子会有意偷窥，但是，如果孩子不是偷窥，而是明确提出来要观看时怎么办呢？下面，我们给出一个处理得比较好的案例供大家学习借鉴：

妈妈说给孩子的悄悄话

爸爸正在卫生间洗澡时,亮亮一定要推门进来。

"亮亮呀,爸爸在洗澡,待会儿再跟你玩。"爸爸在卫生间说。

"我不是找爸爸玩的,我想看爸爸洗澡!"亮亮坚持要进来观看爸爸洗澡。

"别人洗澡你怎么能看?"爸爸有点着急。

"那我洗澡时,你和妈妈为什么都看?"

"……"爸爸一时语塞。

有道理,他洗澡时,你们都看。现在,你洗澡,为什么他就不能看?说来说去,还是大人有优越感,孩子感到彼此不平等啊!

爸爸思前想后,终于说道:"亮亮,你想看爸爸洗澡,是不是?"

"是的。"

"那就进来看好啦!"爸爸从里面拉开了门,让亮亮进来。

"哈哈,爸爸光着身子!"亮亮就站在门口,直直地看着爸爸笑,"爸爸也有咪咪!"

"当然,不过男人的乳房可不会像女人的一样大。"爸爸几乎有些不好意思了,但还是坚持泰然自若样子。

卫生间里弥漫着水蒸气。亮亮揉着小眼睛,自动退出。"爸爸,我闷死了!我不看了,我出去了啊!"

"出去时把门拉上吧,爸爸感觉有点冷"

越是禁忌越是执著,这是孩子的天性。如果不给他看,恐怕他会每次都守在卫生间门口要等着看爸爸洗澡。所以,索性大门敞开,让他的好奇心得到满足,这不,他不是乖乖地自甘罢休了?

孩子正一天天长大,他们对身边的事物充满了好奇,特别是那些成年人看来很私密的东西更能引起孩子们的好奇心。他们有模仿、尝试、探究的欲望,这和成年人群中发生的"偷窥"行为不能混为一谈。因为孩子的想法很简单,他只是想通过"观察"这个渠道来了解自己所不知道的东西。这其实

我在慢慢长大——探究儿童性发展的规律 第四章

并没有什么,家长不必把它看成一件多么严重的事儿。

这类事情发生后,怎么解决,是家长最关心的问题。专家建议,最好能给孩子尽可能科学地描述性知识,在解开孩子疑惑的基础上使他们掌握性知识,还原事情本身。

在孩子的性教育问题上,父母永远都是最好最直接的老师。偷窥事件发生之后,父母的态度很重要。如果不分青红皂白地把孩子揍一顿,只能导致两个结果:其一是孩子对这些私密更加好奇,其二是把这件事情看成一件丑恶的事情。不管是哪种结果,对孩子身心健康都会有不好的影响。把事情的真相告诉孩子,让孩子像学语文、数学知识那样了解、接受这些私密,一切都会变得很简单。如果家长从来不和孩子谈这些,可当孩子发现后,家长又冷言冷语,甚至恶语相加、拳脚相对,那么以后要想和孩子在其他问题上进行交流基本是不可能的。

面对孩子的偷窥,家长的疑问

谈到孩子的偷窥问题,家长们提出了各种各样的疑问,有关幼儿心理专家认为家长不应该将孩子的偷窥当成洪水猛兽,接下来让我们一起看看专家们是怎么说的:

⊙ **问题一:偷窥现象在孩子身上出现算不算正常?**

偷窥和孩子的性心理发育有关。孩子上了幼儿园之后,也就是三四岁之后,开始对人是哪里来的、男孩和女孩的区别感兴趣。对于孩子来说,这是很正常的事情,如果父母的答复躲躲闪闪,含糊不清,便会激发孩子的兴趣。孩子通过自然正常的途径得不到答复,就开始偷偷摸摸地自己了解,这样一来,偷窥、偷听等行为也就出现了。

⊙ 问题二：只有几岁的小孩子产生了性方面的兴趣，父母该怎么办？

孩子对性方面的兴趣，跟成人是不一样的。成人有太多道德的东西在里面。父母一定要站在孩子的角度来考虑这个问题，千万不要将道德、两性行为弄到一起。刚开始的时候，孩子还真没想到这么多。有一篇报道，说一个母亲看见四五岁的小男孩和自己的小女儿抱在一起就大发雷霆，还把孩子打伤了。这就是大人的问题了。小孩子抱在一起，不过是感觉新鲜、好奇罢了。面对孩子的问题，父母回答他就是了。孩子一旦明白，好奇心也就得到了满足。这就很自然，既考虑到孩子的需要，又考虑到了孩子的认识水平。根据不同年龄，要给予不同的解释，说到孩子明白的程度就可以了。但是，父母家长朋友们在回答孩子的问题时，一定要准确，不能随便乱说，也不要太具体，容易勾起孩子太多的兴趣，那就激发孩子早熟了。要把握好这个"度"，合适不合适要看孩子是否满意。最重要的一点就是千万不要站在大人的角度去看孩子的问题。

⊙ 问题三：孩子的偷窥是不是出于正常的心理？孩子的偷窥心理会不会发展到病态？

好奇心理是可以理解的，但要说是一种怪异行为则是不恰当的。孩子随着年龄的增长，会产生一种强烈的想看别人的冲动，他们的确有这种心理需要，而且每个孩子都有。大人要以合适的方式帮助他疏导这种需要。如果过分地听之任之或打击、压制，都可能使得原本出自好奇的心理发展成一种病态。

当然，如何疏导是一个大问题，但是，可以肯定，直接的性接触肯定不合适，毕竟孩子各方面还没有成熟到这个地步，社会也难以接受。要让孩子有充分的两性交往，如果想得到又得不到，性的张力就越来越强，越来越兴奋，行为就会不好控制。让孩子和异性之间多些日常生活的接触，让他觉得对方不神秘。如果他还是有强烈的性冲动，道德教育和行为教育在这个时候就很重要，父母要教会孩子自我约束、自我管理，通过更加丰富的生活方式来宣泄这种需求、缓解这种张力。父母对于孩子进行直接的限制，告诫孩子不能这样，不能那样，肯定会适得其反的。

⊙ **问题四：孩子的偷窥行为，到了什么年龄会消失？如果不会消失，转而会发展成为成人偷窥吗？**

一般来讲，孩子上学后，学业忙了，接触的事情多了，注意力和精力都会分散，孩子也就自然而然地忘记了。而成人偷窥是另外一个问题，行为情节和后果都要严重得多。如果父母对有偷窥欲望的孩子不加以很好的引导，也不排除他们长大了仍会偷窥，精神医学对于严重偷窥行为称之为"窥淫癖"，属于性心理障碍。所以，父母们必须注意约束劝导孩子。

⊙ **矫正治疗的方法**

第一步：尽可能减少刺激。

家里一些成人性方面的书、光盘、黄色网站等，尽量不让孩子接触到。如果孩子实在需要了解，可以给他买一些相关的比较科学的介绍性知识的书籍去看，家长在购买这些书籍时必须注意，书上的图片尽量不宜太多，太多的图片容易引起孩子的联想，所以要限制。

第二步：严格管理。

尽量减少孩子有可能接触偷窥情况的机会，一旦发现有这种行为，要严格管理。这时候父母就需要辛苦一点，多陪陪孩子，又不能让他觉得被管得很死。

第三步：安排一种后果警示。

当然，这是最后一种做法了，父母要让孩子知道偷窥会受到一定的惩罚。当他的情况好转了，也要恰当地给予奖励。

父母还可以告诉孩子，很多事情人们都会去想，比如想抢钱，但人们不会去做，就是因为人们知道很多行为有很多坏处和不可避免的麻烦。这么一说，孩子自然就明白了。

妈妈说给孩子的悄悄话

⭐ 男孩喜欢撩女孩的小裙子

几位妈妈在一起聊天：

"小明对女孩子特别感兴趣。"

"哟，真羞！"

"前几天他在幼儿园里还撩过女孩子的裙子哪。"

"这孩子真让人头痛。"

"您儿子怎么样？"

"您这么一说，我倒想起来了，有一天他们玩过家家，假装医生看病时，还让女孩脱过衬衣哪。"

"如果不趁早严加管教，将来要出乱子的。"

 儿童的心理分析：

"我一撩女孩子的裙子，大家就又喊又叫地高兴极了。"

"撩裙子特别有意思，女孩子吓得尖声乱叫，男孩子则拼命地喊：撩呀，撩呀！"

"我有小鸡鸡，可女孩子没有，那她们怎样撒尿呢？"

小明由于撩了女孩子的裙子轰动一时，有人说他是逗人的小家伙，他自己也觉得洋洋得意，而且他对人体的构造似乎也很感兴趣。

孩子想了解人体，对人体有疑问，这都是很自然的想法。博得大家的欢心，一定也是一件很惬意的事儿，难道能说小明是个变态的孩子，是个有问题的孩子吗？

我在慢慢长大——探究儿童性发展的规律 第四章

⊙ 妈妈的高招

家长们好像戴上了特殊的有色眼镜来看待小明。似乎认定，如果现在不批评教育，制止他的这种行为，将来肯定会是一个有性流氓行为的孩子。

这种想法是一般大人对幼儿这种行为最易产生的误解。

不要把撩裙子简单地看成是对性感兴趣，应该认识到这不过是儿童"想博得大家欢心"、"想引起别人的注意"的心理所产生的结果。对此最好不要斥责或表现出过分关心。相反，应该想办法让小明在别的方面得到大家的赞赏和注目。

另外，对自己身体器官的名称和功能感兴趣，有好奇心，既是自然的，也是理所当然的。不仅对身体，儿童对周围的任何事情都会表示关心。所以应该认识到，孩子对身体和性器官的关心同样也是一种求知欲的表现。可以让孩子与母亲姐妹一起洗澡，给他们一个机会，让他们能看个究竟。切不可当做不良行为而大惊小怪。

 对异性服装表示浓厚的兴趣

据研究表明，异装癖一般发生在年龄在5~14岁之间的孩子身上，这个时候的孩子开始萌发对异性装束的兴趣，到了青春期就会产生与异性装束有关的色情幻想。开始时，孩子一般常在自己房中穿异装，在镜中自我欣赏，以后会逐渐出现在公众场合。他们有一套至多套异性服装，有的男孩子甚至比女孩还要讲究，他们还有女性的各种装饰与化妆用品。开始时他只是偶尔穿一两件女性服装，以后会逐渐增加异性衣饰的件数直至全部使用女性装束，使用女性化妆品与饰物。这类人觉得异性装扮适合其内在性格，着异装有平静、舒适感，有的还感到文雅和美丽，同时患者着异装后还能引起性快感。

妈妈说给孩子的悄悄话

一般来说，异装癖的患者不会危害社会和他人。

6岁以内的孩子，生理和心理发育异常迅速，思考能力、想象能力、分析能力及记忆力等都已经开始形成，大脑的构造与功能日趋完善。这个阶段的孩子对周围事物因好奇而发生极大兴趣，表现出浓厚的求知欲望，这个时期对孩子的身心发育和日后个性的形成都将会产生极为深刻的影响。

如果在这个时期让孩子接受异性打扮，就会使孩子的心理状态发生变化，并且以后极有可能导致可怕的性变态。这些人长大后可能会变成"异装癖"，喜好穿戴异性衣物，模仿异性动作。

孩子在幼儿时期的心理障碍和精神创伤以及不正常的穿着打扮和不良的社会环境影响，是造成性变态的重要因素与潜在的危险。幼儿时期是培养健全人格的关键时期，而心理健康与否又直接影响人格的形成，因此培养健全的人格须从幼儿做起。所以妈妈们在给孩子添置新衣服的时候，千万别忽视这一点，应该针对自己家的小王子或者小公主，选择适合他们的穿着打扮。

异装癖属于精神疾病，因此应及时进行治疗，在儿童或青少年时期出现异装癖迹象时，要及时采取防范措施，比如鼓励他们积极参加集体活动，培养其自信心，以减轻孩子对自己性别期望的压力。

情不自禁就想摩擦他人的身体

摩擦症是指在拥挤的场合或趁人不备时靠近异性、陌生人，以自己身体的某一部分与人紧密接触摩擦或以自己的生殖器摩擦异性身体或触摸异性身体的某一部分，以达到性兴奋的目的。这种患者多见于男性。

摩擦症患者多为年轻人，这种行为常在天气较暖和衣着单薄时，在公共汽车、地铁、影院、公园等人多拥挤的地方进行，一般没有与摩擦对象进行性交的要求。

通常的摩擦癖患者在行为前和过程中的行为都具有计划性和目标选择性。如，患者一般会在作案前对自己进行一定的装饰，在作案时也会选择那些年轻而且相貌姣好的异性。

至于场所，因为患者不想为人所知，所以会选择拥挤的、不易被人关注的、有机可乘的地方，比如地铁、商场、公共汽车上等。患者通常会以自己的生殖器区或者以手或肘及其他部位作为主要摩擦部位去对侵犯对象的手臂、乳房、臀部、会阴部及腿部等区域进行摩擦行为，当然，更多的是隔衣进行接触。

因为摩擦癖患者的行为就是为了寻求性兴奋和性快感，所以，很多的患者在行为中会出现性高潮阶段，也就是射精行为。

与成年人不同，儿童的摩擦癖表现为反复出现接触和摩擦未经同意的异性身体，并伴有强烈的性冲动和性兴奋幻想。

对患有摩擦癖儿童的治疗，预防是关键。妈妈应该从小培养他们对自己性别的辨认与定位，对孩子有关性的提问，应正面回答，如果过分回避反而会造成儿童的性神秘感和性行为偏异。而对已经存在性心理障碍的孩子则可采取行为治疗、认知治疗和精神分析治疗等方式予以矫正。

一般而言，孩子的年龄越小、治疗越早，则恢复越好。对这种情况没有特殊有效的治疗药物，对伴有明显焦虑行为的儿童可试用抗焦虑药。

爸爸妈妈,请你们告诉我

——关注孩子的生殖健康与保护

第五章

妈妈说给孩子的悄悄话

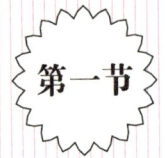

第一节 男生和女生那里怎么不一样

 告诉宝宝生殖器的正确称呼

有一次，有个小女孩来老师这儿"告状"，说班上一个小男孩摸她的"小娃娃"。老师当时以为"小娃娃"是那个小女孩的玩具，所以没往心里去，就跟她说："没关系的，他喜欢你的小娃娃，你就让他摸一下吧！"

过了几天，小女孩的家长特意来幼儿园跟老师说起这件事，老师才恍然大悟：原来"小娃娃"并不是小女孩的玩具，而是孩子的阴部。

可见，小朋友如果对生殖器没有统一、正确的称呼，也会使有的问题得不到及时的处理。

3岁左右的孩子，正处于性朦胧期，会形成一种强烈的性别意识，对自己是男孩还是女孩，这种性别的不同对他们来说意味着什么，都会成为他们关注的问题。如果引导不好，可能会使孩子的性心理发展受到挫折，严重的会影响孩子的性心理健康。

在台湾的幼儿园性教育课程中，就专门有一节课叫做"男孩和女孩"。会首先用图片等直观形象的方式告诉孩子男女生殖器的不同，并告诉孩子男女生殖器正确的称呼。然后会重点告诉孩子这个部位，跟自己的眼睛、鼻子一样，都是身体上很重要的一部分，需要好好保护。第一，要注意清洁和卫

爸爸妈妈，请你们告诉我——关注孩子的生殖健康与保护　第五章

生；第二，除了医生检查身体和家人帮助洗澡时可以触摸外，其他任何人都不可以触摸这个部位。专家认为，父母一开始就应该用正确的术语告诉孩子称呼他们的生殖器，这样以后就不需要再去纠正错误的信息，而且也可以帮助孩子，使他们对自己的身体有安逸感。

父母应该平等地对待身体的各个部位。如果父母对生殖器使用"婉转之词"，除了有可能影响孩子准确地表达生殖器受到伤害甚至性侵害的能力外，还有可能传递给孩子这样一种信息：这个部位是与别的部位不同的，是令人觉得不舒服的。甚至会把一种羞耻感或犯罪感引入身体的这个部位。这种感觉，有时甚至会持续到成年，使得孩子在长大以后，仍然很难对自己的身体或者性有舒适自在的感觉。还有父母一见孩子摸自己的生殖器，就特别紧张，打孩子的小手，并斥之为"脏"、"臭"、"羞"……这些会给孩子一种错觉，认为这个部位是羞于启齿的，是一摸就会受罚挨骂的。受到这样的压抑，有的孩子会产生逆反心理，会更频繁地去触摸那个部位，严重的甚至会变成"露阴癖"。

 父母需要把握的5个原则

日常生活中，孩子提出有关性的问题的时候，就是对孩子进行性教育最好的时机，父母把握住这个时机并且自然准确地回答孩子的性问题，就能够使性教育自然而然地进行下去。要做到这一点，父母必须事先储备相关的知识，学习与儿童交流性问题的技巧，不可以打无准备之仗。在对孩子讲解与生殖器相关的知识时，父母需要把握五个原则。

第一个原则，有问必答。孩子提出了关于生殖器的问题，说明他的认知已经发展到了解这个问题的水平上了，父母对孩子的问题必须正面回答，不可以逃避和推脱。一些父母因为没有准备，当孩子突然对生殖器提出问题的时候，父母慌乱之中采用了回避的方式，没有回答孩子的问题。小鱼的爸爸正是这样做的。

小鱼是个3岁的男孩，在和爸爸一起洗澡的时候，小鱼指着爸爸的鸡鸡问："爸爸，这是什么？"爸爸反问小鱼："你说这是什么？"小鱼笑嘻嘻："这是牛牛！我跟爸爸都有！"爸爸："是啊，你跟爸爸是男人。"

如果小鱼的爸爸有准备，在交流的时候可以将生殖器的名称告诉孩子，小鱼已经知道生殖器的俗称叫"牛牛"，他想知道的是生殖器的"大名"。所以爸爸在交流时可以坦然地告诉小鱼："这是阴茎，有时候我们也叫它牛牛。"

第二个原则，有问才答。孩子提出了问题，父母才进行回答。对于6岁以前的孩子，父母与孩子谈性处于相对"被动"的地位，父母是否继续解答孩子的问题决定于孩子是否继续往下问。当父母的答案让孩子非常满意时，孩子就不会继续追问，父母也就不再继续解答了。此外，当孩子问一些大人性行为的过程，例如"爸爸的生殖器是怎样与妈妈结合的"、"精子和卵子是如何在一起的"这类问题时，对于6岁以前的孩子，不要直接告诉孩子"爸爸的阴茎进入妈妈的阴道"，一些父母使用这样的解释给自己带来了很多麻烦。有个5岁左右的男孩，从书本和他爸那里知道，鸡鸡要进入阴道，然后精子才会与卵子相遇，怀孕生孩子。这件事情显然令他印象深刻。有一次妈妈给他洗澡后面对面地抱着他，他竟用腿围着妈妈的腰，还自言自语地说："我的鸡鸡进入妈妈里面了。"过了两天，他又突然说要和妈妈结婚，并且说他的鸡鸡要进入妈妈阴道。可见对6岁前的孩子提的问题，父母可以用试探性的简单的答案来回答，比如"爸爸妈妈的生殖器碰一下精子和卵子就结合了"。如果孩子不继续追问生殖器结合的细节，就不要继续给孩子解释。

第三个原则，适时适度。孩子问什么，就直接回答什么，答案要简单明

爸爸妈妈，请你们告诉我——关注孩子的生殖健康与保护 第五章

确，适合孩子的认知年龄。比如5岁的孩子问小鸡鸡为什么会变硬，父母可以告诉他"小鸡鸡要尿尿了所以变硬"，孩子便能够理解你的答案。如果你告诉孩子"这就是勃起，是因为阴茎海绵体充血引起的"，这样的答案包含了5岁孩子不能够理解的海绵体、充血、勃起等概念，超出了孩子的认知接受能力。这样一来他会进一步提出什么是阴茎海绵体，什么是充血等问题，你将无法对一个5岁的孩子讲明白这些知识，使自己进退两难。但一个12岁的孩子问父母同样的问题，父母就可以告诉孩子"这就是勃起，是因为阴茎海绵体充血引起的"，孩子可以应用相关的书籍帮助他认识"海绵体、充血、勃起"这些概念。

第四个原则，要给孩子传递健康的性价值观。父母在回答孩子生殖器相关问题的时候，要传递给孩子的观念是：生殖器是人类生命繁衍的器官，是神圣而圣洁的器官。我们来看昕昕和妈妈交流时，妈妈如何帮助昕昕建立健康的性价值观。

5岁的昕昕指着书中的生殖器图，问妈妈："什么叫生殖器官啊？"

妈妈："就是生孩子的器官，女孩长大以后要做妈妈，就要用这个器官生孩子。"

昕昕指着图中的阴道口处又问："这是什么口啊？"

妈妈："那叫阴道口，是我们的生命通道，我们每个人的生命都要经过这里，妈妈就是从外婆这里生出来的，你是从妈妈这里生出来的。"

第五个原则，尽量减少和避免与旧文化的冲突。因为在我们的传统性文化中，孩子间谈论生殖器的时候用"鸡鸡"、"牛牛"等俗称来代替，是能够被众人所接受的，但如果说成"阴茎"、"生殖器"则被视为另类，不被大众所接受，而且会令父母感到非常尴尬。所以父母在告诉孩子生殖器的正确名称后，可以继续用大众对生殖器的俗称与孩子交流。如果孩子因为知道了生殖器的名称而兴奋不已，激动地到处宣讲，父母可以告诉孩子："不可以这

167

样！生殖器是每个人自己的秘密，不可以随便说。你和妈妈知道就行了。"这样说孩子就会听。

 让他明白男孩和女孩有什么不同

当孩子已经开始懂事的时候，妈妈可以告诉孩子，他（她）是男孩还是女孩，这是在妈妈肚子里的时候就已经决定了的，很多爸爸妈妈在宝宝出世前都不知道宝宝是男孩还是女孩，但是男孩和女孩一样，都很棒。男孩生来就有小鸡鸡，长大了是要做爸爸的，女孩和男孩不一样，生下来就有阴道，长大了是要做妈妈的，将来可以像妈妈一样生小宝宝；爸爸会长胡须，而女儿和妈妈都没有，爸爸小时候和宝宝是一样的，也没有胡须，没有喉结，随着身体慢慢的长大、发育，就长出了胡子和喉结，变成了一个真正的男子汉，而女孩和妈妈一样，是不会长的。

 与孩子谈论性的好方法

妈妈要知道，与孩子谈论性什么时候都不算迟。虽然与幼儿谈性也许更容易，孩子会更容易接受你的意见，但其实当谈及性的时候，稍大点的孩子也确实能听进自己父母的话，即便他已经产生了不良的习惯和倾向，但是这对于改正也是十分有益的。

爸爸妈妈，请你们告诉我——关注孩子的生殖健康与保护 第五章

妈妈应该选择合适的时间和地点，在私密的情况下与孩子讨论，而且参与谈论的每一个人都必须保持轻松愉悦的心情。但是如果谈话在一个不恰当的时候开始了，那么告诉你的孩子，以后再继续这个话题，并且要保证能够兑现。妈妈最好主动地开始关于性的话题。孩子可能不会主动和你谈及这个问题，但这不表示他没有问题，或者不关心这个问题。如果你想让孩子树立符合你价值观的想法，那么就与你孩子畅所欲言吧。不要对孩子说大道理，因为那些对他们没有用。你要在日常生活中善于发现合适的机会，并且请记得，性教育包括人际关系、恋爱关系、自尊、性别和性行为等很多丰富的内容，并不像你理解的那样狭隘，面对这个问题的时候，尴尬没有错，这是很正常的，告诉孩子，他们的尴尬同样没有错。当然，你也可以推荐给孩子一本好书，因为有的时候一本书可以是一个好老师，而且如果你被一个问题所困扰，不知道该怎么回答时，你可以告诉孩子，你有权稍后回答。

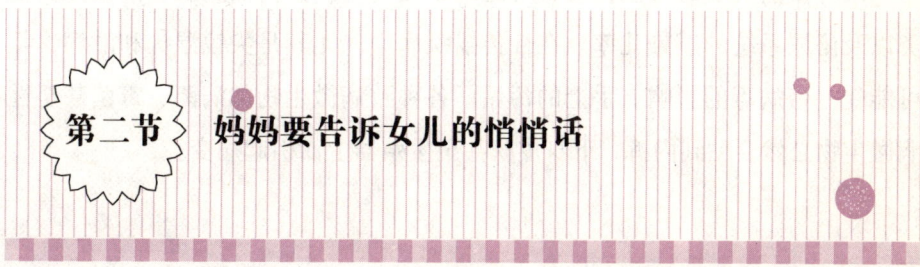

第二节 妈妈要告诉女儿的悄悄话

如何擦屁屁才不会感染

由于女性的生理结构，尿道口、阴道口与肛门同处于一个相对"开放"的环境中，交叉感染的机会也比较大。教女儿如何擦屁屁才能不感染就成了

母亲刻不容缓的责任。

1.正确的方法是从前往后擦。可能大部分人的习惯都是从后往前擦,觉得这样更顺手,但是妈妈教女儿的时候一定要注意这个问题。因为大便里可能含有寄生虫的卵,也含有多种细菌,从后往前擦容易造成阴道感染。时间一长,女儿自然就会学会这种方法。

2.用什么擦?最好别用湿纸巾。有的妈妈觉得普通卫生纸清洁作用不够,尤其是大便后想要彻底清洁,去除异味,所以教女儿改用湿纸巾去擦,其实这是一种错误的方法。首先,多数湿纸巾并不是女性私处专用的,小女孩专用的就更谈不上了,这样的湿纸巾携带的细菌数量可能已经大大超出女性私处所能承受的范围,引起尿道感染或尿道外口瘙痒,尤其是小孩子皮肤脆弱,更容易受到感染。

3.便便之前也要记得洗手。便后洗手已经成了大家的共识,但其实便前也需要洗手。便前洗手可以避免手上的一些病毒粘到皮肤、内衣裤及腰带上。

没有便前洗手的习惯,最有可能的是提高一些性传播疾病、滴虫性阴道炎以及泌尿系统的感染几率。在性传播疾病中,尤其是尖锐湿疣和淋病,都可能受手带病毒的影响。手上的污垢、各种致病微生物如病菌、霉菌甚至性病微生物必然会粘到内裤、下身皮肤甚至生殖器上而引起病变。

 每天都要清洗"小屁屁"

"下身"(阴部)的卫生与人的健康有着密切的关系,妈妈应该注意教育孩子从小注意"下身"的卫生,养成每天用温水清洗"下身"的卫生习惯。尤其是女孩,更应该注意"下身"的卫生,因为女性外生殖器的褶皱很

爸爸妈妈，请你们告诉我——关注孩子的生殖健康与保护　第五章

多，既有汗腺、皮脂腺，又有前庭大腺和子宫颈分泌物，再加上阴道口离尿道、肛门很近，很容易积存污垢，因此更应该每天进行清洗，并经常更换内裤，还要注意不要穿太紧的裤子，以防阴部不通风增加厌氧细菌的繁殖机会，引起外阴炎、尿道炎等疾病。

给孩子清洗"下身"的时候，必须注意盆具和毛巾的卫生，不要用洗脚盆清洗"下身"，尤其要注意擦洗的顺序，就是先上后下，由前到后，一定要先把生殖器部位清洗干净以后，再清洗肛门部位。两个部位的顺序不要颠倒，更不要同时清洗。

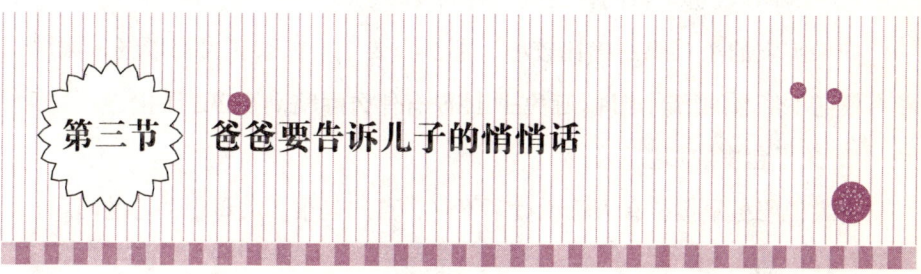

第三节　爸爸要告诉儿子的悄悄话

 让宝贝了解关于小鸡鸡的那些事

"男人的问题"好像只要请教爸爸们就可以了。可面对这样的小人儿，爸爸们也开始摸不着门路了。那些关于小鸡鸡的事，还是让我们一起来看看吧。

⊙ 宝宝的小鸡鸡颜色重是怎么回事？

小鸡鸡处皮肤颜色的深浅，是因人而异的。有些人这里色素沉积重，有些人浅，这很正常，父母不必过于在意。想想如果是孩子的背或者臀部等其他地方皮肤颜色深，恐怕父母就不会过于感觉奇异了吧！道理是一样的。

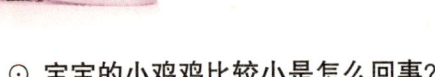

⊙ 宝宝的小鸡鸡比较小是怎么回事？

宝宝在一起赤裸相见，小鸡鸡总会"比"出大小来。一些父母就会为自己宝宝的小鸡鸡比人家孩子的小而担心不已：为什么会小？小会不会有什么问题？

1.宝宝的小鸡鸡还在成长过程中。

和这里皮肤的颜色一样，小鸡鸡的形状也是有个人差别的。另外，你是不是发现宝宝的肚子是鼓鼓的？那是因为宝宝腹部的皮下脂肪太厚的原因。你试着轻轻地按住宝宝小鸡鸡的根部，也许你就会意外地发现小鸡鸡忽然变长了好多——其实，那只是因为小鸡鸡埋进了宝宝胖胖的肚子下面去了，因而平时看起来会很小。

2.只要小便能够正常的排出就没有问题。

如果宝宝的小鸡鸡的确比较小，那么只要宝宝能够正常而顺畅地尿尿，没有任何不舒服的情况出现，就说明他没有什么问题，不必过于担心。

⊙ 关于包皮的那些问题

有人说要尽早拨，有人又说拨了不好，真的是很多父母很关心的问题。

1.小宝宝的"包茎"。

龟头部包裹着包皮的状态就叫做"包茎"，新生的男宝宝都会有包皮过长的现象，它能起到保护生殖器的作用。在易发尿布疹等皮肤感染的周岁内，还能保护娇嫩的龟头不直接受到伤害。

2.有人说应该早为宝宝上翻包皮，有人又说这样不好。究竟该不该帮宝宝拨包皮？

这时宝宝的包皮和龟头还存在轻度的粘连，过早地翻动柔嫩的包皮不但起不到好的作用，反而会伤害宝宝的生殖器。因此3岁之前都不应给宝宝上翻包皮。而即便3岁之后，包皮可以上翻但也常常会把尿道口遮盖住，这种包皮过长的情况在5~6岁前都属于正常现象，这称为"生理性包茎"，在青春期就会逐渐改变。

需要注意的是，包皮内有许多分泌腺，一些类似豆渣样子的油脂类分泌

爸爸妈妈，请你们告诉我——关注孩子的生殖健康与保护 第五章

物可能会堆积在包皮和龟头间，形成包皮垢。但对于周岁以内的宝宝家长大可不必担心或急于清理。

3.割包皮，到底有没有道理？有没有必要？

所谓割包皮，多指的就是包皮环切手术。它主要针对的是包皮过长，并且已经影响了宝宝排尿等生理生活的状况。如果宝宝到了3岁之后，包皮仍不能退到龟头后面使龟头露出，则是真性包茎，这时就需要在医生的指导下进行相应的包皮分离或环切手术了。而如果不存在这些情况，就完全没有任何必要为了"生理发育"而进行割包皮的手术。

 父亲示范，让儿子亲自动手清洗

教会男孩清洁生殖器是父亲的责任，母亲不可以越俎代庖。在男孩三岁以后，妈妈不可以帮孩子清洗生殖器，爸爸要向男孩示范如何上捋包皮，如何清洁生殖器，让孩子自己学会此操作。由于生殖器的神经非常丰富，生殖器对刺激非常敏感，要让孩子自己把握轻重程度才不至于弄疼生殖器。

1.告诉孩子水温应控制在38～40℃，因为这个地方是身体温度最低的地方，最怕热，需要注意防止烫伤

2.宝宝的小鸡鸡十分脆弱。清洗的时候，要让孩子把小鸡鸡轻抬起来，轻柔地擦洗根部，不要挤压或者捏到这些部位。

3.阴囊多有褶皱，容易藏污纳垢，腹股沟的附近也常有尿液和汗液积留，这两处要着重擦拭。

4.拇指和食指轻轻捏着阴茎的中段，轻柔地向后推包皮，让龟头完全露出来，用毛巾浸着温水轻轻地洗，水温不能太高，手势不能太重，洗后要注意把包皮回复原位。

妈妈说给孩子的悄悄话

第四节 别紧张，手淫是孩子正常的生理行为

☆ 手淫，并非孩子天生"下流"

生活中我们会发现这样的一些情况：有些男孩子经常用手玩弄阴茎；女孩子时常伸手去摸外阴；有的孩子在突出的家具棱角上摩擦生殖部位；有的骑在某种物体上向前和左右扭动身体；有的将物品塞进裤子里等等。诸如此类，我们都将其称之为"儿童手淫"。

儿童手淫行为可发生在各个年龄阶段。在婴儿期间，健康机灵的孩子总是怀着很大的好奇去触摸生殖部位，通过触摸很自然地体会到一种快感，但是这又不同于成人的性行为。3～6岁的孩子是手淫发生率比较高的时期，在手淫时他们往往面部充血，两眼圆睁，脸颊潮红或出汗，并常伴有轻声的哼哼和不规则的呼吸声，一般每次几秒至几分钟不等，家长事后观察会发现孩子外阴充血，分泌物明显增多。

家长们对儿童手淫行为往往会表现出高度的焦虑、紧张和不知所措，不是将孩子痛斥一番，就是狠揍一顿，好像孩子做了什么见不得人的丑事。有些家长甚至还会担心手淫会引起孩子"肾亏"，其实这些做法和想法都是不正确的，对孩子也是不公平的。

儿童手淫不是什么品德问题，由于儿童生理和智力发育均不健全，所以，无论是男孩子还是女孩子，他们的手淫行为都不是出于性的目的。虽然孩子手淫行为的种种表现和性行为很相似，但并不是性早熟的结果，幼儿很单纯，他们没有性的观念，也没有第二性征出现和体内性激素水平的变化，所以他们不可能利用手淫达到性高潮，也不会有排精的现象发生，自然也谈不上"肾亏"的问题。我们需要明白一点，儿童手淫不会给孩子带来疼痛和器质性的损伤，也并不是什么可耻的事情，所以家长不要有什么精神上的负担。

儿童手淫什么时候"结束"

儿童在0~6岁发展的过程中，成年人会不断地将社会的道德和行为标准反复告知儿童，使儿童在社会化的过程中，不断使自己的行为符合社会的要求，由此逐渐建立起了自己的道德感、羞耻心、审美等，这是儿童改变和控制自己行为的精神力量，所以，我们可以看到的事实是：一些3~6的儿童手淫时不回避外人，但长大后他们不会当着外人的面手淫了。

6~7岁后，性发展进入潜伏期，性的能量通过学校的课业和活动得到升华。另外，弗洛伊德认为：人类的性在3~6岁时达到了一个高峰，但是由于还是儿童，太小，所以不能够生儿育女组建家庭，于是，人类的性发展便有了一个潜伏期，到青春期后，性发展又开始，达到生殖器占统治地位的性发展高峰。所以，6~7岁以后，绝大多数儿童手淫行为就没有了。但是，有少数的儿童仍然有，有的孩子可能一生都有手淫，但并不影响自己的健康。有的人结婚后也通过手淫的方式达到性高潮。

妈妈说给孩子的悄悄话

 儿童手淫真正的危害在哪里

有的家长担心，儿童手淫会给孩子带来疼痛和器质性的损伤。其实，只要不将异物塞入阴道，用正确的、卫生的方式手淫，一般情况下，儿童的手淫都不会给自己的身体带来伤害。所以家长不要有什么精神上的负担。

孩子手淫的真正危害在于心理的罪恶感。孩子手淫之后会产生负罪感、羞耻感和后悔的心理，这对孩子的危害甚大。在孩子们的心里，他们总觉得手淫是见不得人的，有些孩子甚至只是听到"手淫"二字，就能引发出各种激烈的情绪：烦躁不安、愤怒、焦虑等等。他们害怕手淫对身体不好，怕被同学知道丢丑，怕家长发现后责骂，往往手淫的快感消失后，悔恨、紧张、害怕、多疑、自责等会源源不断地涌上来，长此以往，极易陷入恶性循环之中。孩子心理上的这种罪恶感才是家长真正必须关心的。

当然，虽然说正确的手淫并无害于身体，但是，如果孩子手淫次数偏多，家长就应多加重视了。因为习惯性的手淫会使中枢神经系统经常处于兴奋状态，致使头脑昏沉，身体疲乏，进而诱发失眠、注意力不集中和记忆力减退等不良反应。所以，儿童手淫问题不可忽视，我们有必要帮助孩子改变这种不良行为。

爸爸妈妈，请你们告诉我——关注孩子的生殖健康与保护

如何戒掉经常手淫这个坏习惯

⊙ **不要惩罚和责骂孩子**

有些父母常用恐吓和处罚的办法加以阻止，结果惩罚无效，反而容易造成孩子的焦虑和惊恐不安，形成怯懦、敏感、自卑或孤僻等性格，这样更有可能使孩子从手淫中寻求安慰，使手淫的次数更加频繁。所以当发现孩子有手淫的习惯时，父母最好不要点破，而应想办法转移孩子的注意力，比如给他新颖的玩具让他玩、给他讲有趣的故事或者和他一起做游戏等等，这样使孩子没有机会去手淫，在紧张而有趣的活动中，逐渐改正这一不良习惯。

⊙ **培养孩子广泛的兴趣爱好**

父母平时就应该多鼓励孩子参加丰富多彩的户外活动和体育锻炼，培养孩子广泛的兴趣爱好，让孩子把精力投入到积极的活动中去。

手淫总是在孩子独处时进行，所以，父母应该避免在正常活动或学习时间留孩子单独在室内，鼓励孩子和同伴一起活动，多参加群体游戏，游戏中个体行为受到群体的约束，孩子就不会去注意自己的生殖器官，从而忘掉手淫。父母也可以在周末陪孩子一起去郊游、爬山等。

⊙ **注意培养孩子的性卫生习惯**

无论是男孩子还是女孩子，每天晚上在睡觉前都要清洗外生殖器，保持外生殖器的卫生清洁，以防止疾病的产生。若发现孩子有不正常反应应及时加以治疗，例如，孩子如果经常在会阴、肛门处抓痒，应考虑孩子是否有蛲虫，可在孩子睡熟后，用手电筒照照肛门周围，如发现小白线样蛲虫，应及时采取措施驱虫；如果发现孩子外阴处发红或包茎内发红，可以采用高锰酸

钾溶液为孩子泡洗。

⊙ **要让孩子养成良好的作息习惯，定点睡觉、起床**

孩子手淫常在睡前和醒后发生，因此，不要让孩子过早睡觉，待孩子疲倦了，有睡意时，再让他上床睡觉。孩子睡醒后，要让他立即起床，如果他醒着不起床而在被子中玩耍，极易去抚弄生殖器，发生手淫。

⊙ **父母要多和孩子接触**

有些父母因为工作的需要，会经常出差，和孩子在一起的时间非常少，这时，千万不要忽视了孩子的心理，一定要多给孩子打电话，保持与孩子的情感交流，让孩子感到温暖，只要孩子情感需要得到满足，就会减轻内心的紧张与孤独，那么用手淫去满足情感需要的自体刺激行为就会逐渐减少，直至消失。

⊙ **不要让孩子穿紧身衣裤**

紧身衣裤容易使会阴或阴茎受到刺激而诱发孩子手淫，所以，父母亲不要让孩子穿紧身衣裤，而应多给孩子买一些宽松的衣服穿，尤其是内衣，一定要宽松舒适。

另外，还有一点要注意，让孩子养成及时上厕所排尿的习惯，不要憋尿，憋尿会导致膀胱胀大，膀胱胀大亦会刺激阴茎勃起。

克服赖床，避免手淫

其实，孩子的赖床与手淫有着非常密切的关系，学前教育专家白伟国教授就指出：10岁左右的孩子会开始喜欢上晚起，他们经常会利用醒来和起床之间的这段时间进行手淫活动。作为父母，在发现孩子自慰时，应该尊重孩子的隐私权，如果孩子不主动说，不要去逼问，要相信孩子有能力解决好这个问题，因为他们已经是10岁左右的孩子了，不再是小孩子。父母需要做的就是督促孩子加强体育锻炼，坚持勤洗澡、勤换内衣裤；多与孩子沟通，帮助孩子淡化自慰的行为；多给孩子以鼓励，少批评指责。关于自慰手淫，孩子和父母都应该知道，发生或没发生，都是正常的。不要因为发生了而自责，也不要因为没发生而好奇；它与个人道德品质无关；但是如果过度沉湎于自慰，则应当加以节制。

1.给孩子规定上床时间。既然知道孩子有赖床的习惯，尽可能给孩子规定一个上床的时间，有规律地作息，可以避免睡眠时间不足，早晨无法准时起床。

2.帮孩子建立睡觉前的标准作业程序。比如，在睡前讲一个故事，或是播放特定的音乐，帮助孩子入睡。

3.让孩子自己定闹铃。根据专家研究，同样一种行为重复做了21次，就会成为习惯。因此，父母可以给孩子一个闹钟，放在孩子需起身离开床才能拿到的位置，帮助孩子建立自行起床的习惯。

4.父母做好榜样。孩子在许多行为上都是模仿父母亲的。许多父母会要求孩子早起，可是本身却做不到，孩子又怎能早起呢。因此，父母需有早起

的习惯，孩子自然能渐渐地养成和父母同一时间起床的习惯。

5.赖床时间要有所限制。实现和孩子约定好可以赖床的时间，给予起床前的暖身清醒时间，但必须遵守原则，不可放任或舍不得，时间到了就要求孩子起床。

6.让孩子知道赖床的后果。当父母用尽各种方法都无法改善孩子的赖床行为时，就让孩子体验赖床的后果。例如：上学迟到，老师会不悦，同学会窃笑等。

当然，赖床行为也是日积月累造成的，要改变更需要时间，因此父母不可操之过急，只要孩子有少许的进步，就给予适度赞美与鼓励。

 干预孩子手淫的原则

干预孩子手淫的目标不是让孩子立即停止手淫，这样会压制孩子性感觉的发展，压制孩子掌控身体感觉能力的发展。在保证孩子生命本能发展的同时，引导孩子建立性行为的界限才是我们干预的目标。父母干预孩子手淫的原则是：

1.尊重孩子探索自己身体的权利。手淫是孩子探索自身感觉的行为，是孩子生命本能发展的自然呈现，这是孩子生命发展的自由和权利，理应得到成人的尊重与接纳。

2.尊重并接纳孩子的性唤起。手淫会让孩子体验性感觉，会伴随性兴奋，甚至出现性高潮，当孩子的性唤起获得了足够的尊重，才会体验到性的高贵和人格的尊严。

3.尊重孩子的性隐私权。父母不可以随意闯入孩子的房间，追问孩子手淫的过程、手淫的感觉、每天几次手淫、为什么要手淫等。如果父母想了解

孩子手淫的情况,可以通过悉心观察来了解。

4.为孩子的手淫行为立界限:不可以在公共场所手淫,要回避他人,不可以弄伤自己的生殖器,将手洗干净才可以进行。

5.不可以羞辱、打骂、呵斥、嘲笑孩子的手淫,这会给孩子带来低自尊,这种低自尊也将"嵌入"孩子的人格中。

6.不可以恐吓孩子,比如"这样做会得病","这样做以后你不能够当爸爸(妈妈)了"。这样的恐吓让孩子对身体产生不健康的负面意象。

7.发现孩子正在手淫时,不可以随意打断,这样会破坏孩子体验性感觉的过程,成年后可能出现性功能障碍。

如果孩子的手淫仅仅是在晚上睡觉或者午睡时进行,时间不超过半小时左右,这是很正常的。

第五节 孩子手淫,谁之过

 "工作"无法给孩子带来愉悦感

什么是孩子的工作呢?一个孩子认真执著地在沙坑里修筑城堡;一个孩子在将玻璃杯里的水倒进瓶子里,然后再将瓶子里的水倒进玻璃杯,循环往复;一个孩子在认真地搭建积木;一个孩子在用线将珠子穿成串……孩子为了自己

内在发展所进行的活动就是孩子的工作,工作能够使孩子获得一种精神享受。

幼儿园教师要给孩子提供适合孩子年龄的充足的工作材料,让孩子自由选择他喜欢的工作,并在适当的时候引领孩子达成工作的目标会使孩子愉快地度过每一天。如果孩子整天被限制工作的自由,父母和老师视孩子的工作为可有可无的玩耍,随意打断孩子的工作过程,让孩子像小学生一样整天坐在课桌前学习识字、数学和英语,他们的内在需求将得不到满足,精神就会被压抑,孩子就会陷入焦虑和痛苦之中。这样,孩子在无聊的时光里,很容易选择用手淫的方式来寻求内心的平静。

人们对手淫消极的态度与评价

父母、老师对手淫的态度直接影响着孩子对手淫的热衷程度。研究表明,对孩子手淫持积极评价的态度,认为有利于宣泄性能量,有益于健康的话,孩子手淫的比例比较低,约为24.22%,不到1/4。如果父母对孩子手淫持消极评价,认为是变态的、可耻的,孩子手淫的比例则高达43.24%。父母对手淫的评价和孩子有无手淫之间呈现出统计学上的相关性,表明那些对手淫持消极评价的家长,他们孩子的手淫问题更为常见。大多数父母和幼儿教师在潜意识中都对手淫持否定的态度,希望通过引导或惩罚来使孩子停止手淫——"改掉这个坏习惯。"35.44%父母采取了恐吓的办法,声称手淫会得病,会伤害生殖器;6.33%的父母采取严厉责骂,甚至毒打孩子的方式。父母和幼儿教师对孩子错误的干预不但起不到预期的效果,相反还容易使孩子的手淫更加频繁,只是当孩子明白了这个行为将被惩罚时,便自觉地转入了地下状态。事实上70.14%的父母和85.59%的教师都表示他们的干预没有取得预期的效果。父母和老师面对孩子手淫时突然阴沉下来的脸色、愤怒、羞愧、

紧张和责备的眼神，粗鲁的打骂，都会给孩子带来不健康的羞耻感。6岁以前孩子控制自己手淫行为的精神力量尚未建立起来，只能在不能控制的性本能力量与父母的谴责中痛苦挣扎，这种挣扎的心理体验是手淫给孩子带来的真正危害！

还有很多因素可以影响到孩子的手淫，比如突然更换孩子的看护人，突然变迁孩子的居住地。对于新进入幼儿园的孩子来说，也存在环境的不适应、安全感的丧失等心理恐慌。所有这些能够引起孩子心理压力的因素，都会影响孩子的手淫发展过程。

 家长经常逗弄孩子的敏感部位

有些孩子手淫习惯的形成，是由于从小生殖器频繁地受到刺激。每个人身上都有一些特别的部位，对刺激的感受力比较强，人们称之为"快感部位"，如嘴唇、面颊、乳头、生殖器、肛门等部位，特别是生殖器和乳头，如果经常受到外界刺激，就容易使孩子产生一种微妙的感觉，甚至会引起孩子对生殖器产生强烈的好奇和性欲望。

有些家长出于对孩子的疼爱，经常触摸孩子的外生殖器，特别是喜欢逗弄男孩子的阴茎，一边逗弄一边开心地哄笑。生殖器在反复受到刺激产生快感后，即使成人不去逗弄，孩子自己也会去抚弄以寻求快感，久而久之，就形成了抚弄生殖器的嗜好和习惯。

妈妈说给孩子的悄悄话

 不良的卫生习惯导致手淫

有些家长关于孩子的卫生、清洁观念存在误区。他们总以为做好孩子脸部、手部、脚部和身体的清洁工作就足够了,往往忽略对孩子生殖器官的关注。事实上儿童的生殖器官是很敏感的,它会因不卫生而受到刺激,这时孩子就会用经常抓挠的方式来消除不适,久而久之就会产生快感,进而形成不良的手淫习惯。例如,孩子有蛲虫病、小女孩外阴部的湿疹或炎症、男孩子因包茎引起的包皮炎症等等,这些病症都会引起外阴部发痒,于是小孩子就用腿摩擦止痒,如此反复,会形成习惯性动作。

 孩子的情感得不到满足

孩子的手淫行为与环境和心理因素有很大的关系。如果父母平时对孩子关心不够,和孩子关系比较疏远,感情比较冷淡,缺少亲密的身体接触和言语呵护,这就会令孩子通过自身刺激来求得安慰,通过手淫得到一种暂时的孤独情绪的排放,结果日久天长就养成了这种手淫的习惯,所以父母也要从自身寻找原因,不要把错完全归咎于孩子。

妈妈，我害怕——让孩子远离性侵害

第六章

妈妈说给孩子的悄悄话

第一节 宝贝，你要知道什么是性侵害

 父母对儿童性侵犯的错误认识

⊙ 只有陌生人才会做出性侵犯的行为

很多项调查均证实：75%～90%的受害者被认识和信任的人所侵犯。

⊙ 只有女孩子才需预防性侵犯

美国的研究显示：18岁以前，女孩子中每5个人里便有1个遭受过性侵犯；而男孩子中每10个里便有1个。

⊙ 儿童性侵犯是指对儿童的身体做出直接接触的侵犯

性侵犯是指一切通过武力、欺骗、讨好、物质诱惑或其他方式，对儿童引诱进行性接触以求达到侵犯者性满足的行为。没有身体接触的性侵犯行为包括向儿童露体、吩咐儿童露体、强迫儿童观看色情录像带、拍摄裸照等。

⊙ 侵犯者很容易从人群中辨别出来

侵犯者包括各类人，不分地位、职业、年龄等，没有固定的特征。

⊙ 害羞、畏缩及智障的孩子是主要受害者

很多人都认为没有自我保护能力和正常认知能力的孩子是容易受侵犯的对象，却不知道活泼、聪明的孩子一样也可能是被侵害的对象。

⊙ 全部性侵犯案件均为男性所为

根据美国人权协会的调查，6%的女孩及14%的男孩是被女性侵犯者伤妈妈，我害怕——让孩子远离性侵害

害；有些侵害，是男女共犯。

⊙ 孩子和我每天都在一起，他根本没有机会被侵害

事实显示，不同的侵犯者会选择不同的侵犯地点及侵犯方式，查出真相才是最重要的。

⊙ 晚上是性侵犯的危险时间

晚上由于可见度较低和人流量较少，给案犯提供了机会，但是白天同样危险，家中、公车、公园、兴趣班、运动场、幼儿园、夏令营都可能发生性侵犯。

⊙ 父母毕竟是爱自己的子女的，虽然可能一时鬼迷心窍，但绝对不会常常发生

如今的社会，家庭乱伦愈演愈烈，现实生活中许多孩子受家庭迫害的案例我们已经听了不少，有些受害者甚至发展到连续多次堕胎的结果。

⊙ 父母通常是第一个得知性侵犯的人

情况并非这样，虽然父母是与孩子朝夕相处的人，但很多情况下对孩子身边发生的事情却并不是很清楚。大部分的父母是从别的渠道知道自己孩子的遭遇的，如从老师、邻居处得知。

⊙ 我的孩子经常撒谎，我怀疑这是他的谎话

当父母或其他成人得知这一消息时，首先应查出事实，而不是怀疑孩子。

⊙ 心理治疗会导致孩子再受刺激，时间可以治愈一切。

父母若放弃专业机构对孩子的治疗，则可能让问题埋在深处，发酵酝酿，不仅对个人造成影响，甚至对整个家庭和下一代都有影响。

妈妈说给孩子的悄悄话

 哪些行为属于对儿童性侵害

儿童性侵害包括非身体接触和身体接触两种形式：

非身体接触性侵害：向儿童暴露生殖器、在儿童面前手淫、对儿童进行性挑逗（给儿童看黄色录像、书籍、相片）等；

身体接触性侵害：触摸或抚弄儿童身体敏感部位（如女孩的乳房或外阴，男孩的外生殖器）、在儿童身上故意摩擦其性器官、试图与儿童性交（口交、阴道性交和肛交）。

从调查结果来看，受性侵害儿童的年龄都很小，14岁以下的女孩占多数，而且侵害者多数是孩子们熟悉的人，比如邻居、亲戚、老师或家人。

有研究表明，通常性侵害的地点主要为偏僻、单独的处所，学校、老师办公室（以农村等地区为主）等，家长和儿童平时都要有所防范。

 告诉你的孩子什么是性骚扰

什么是性骚扰呢？专家给出的解释是，凡任何不受欢迎、令人不喜欢的性接近、性要求及其他具有性意味的语言或身体行为，都可称之为性骚扰。也就是说，当对方的言语、眼神、动作……让我们的身体及心理有不舒服的

感觉时,不论对方有意无意或认为是在开玩笑,在性方面就算是性骚扰。

性骚扰常发生在权力不平等的情况下,通常有权力者会去侵犯较弱势者,这就是为什么受害者大多是处于弱势的儿童与女性,其中,最弱势的女童占了很大一部分。

性骚扰是性别歧视的一种形式,在生理、心理和感情上都给人造成很大的伤害,尤其是对那些正处于发育期的孩子,伤害更大。

国外有研究显示,小孩受到亲人及熟人性骚扰和性侵害的比例最高,加害者包括自己的父亲或母亲、父亲的朋友、母亲的男朋友、继父母、兄长的朋友、自己的叔叔等等。因此,如何正确的教育孩子防范性骚扰,觉察具有伤害性的环境,或避免暴露在一个可能遭遇伤害的环境,就成为父母亲对孩子实施性教育时必须要讲的内容之一。

 性骚扰分为哪几种类型

⊙ **第一种类型:性别骚扰**

这是指性别上的歧视、侮辱、诋毁的语言和非语言行为。例如,有些学生调侃异性(或同性),对异性或同性品头论足,或带有色迷迷的眼神,使对方不自在、不舒服,都可能构成最轻微的性骚扰,叫性别骚扰。

⊙ **第二种类型:性挑逗**

这是指骚扰行为带有性暗示、性引诱。例如,不经他人同意,就用手触摸他人的身体,或者出示淫秽的图片,又或是要求别人一起观赏某些性挑逗的影片等等,使他人觉得恶心、不被尊重,甚至有被侮辱的感觉,这些都是第二层次的性骚扰行为。

⊙ 第三种类型：**性贿赂**

骚扰者以提供某种利益或好处为由，要求与被骚扰者发生与性有关的行为。如学校老师利用打分数要求学生为其提供某种性服务，领导以给予升迁机会为由要求属为其提供一定的性服务等等。一般而言，被骚扰者多畏于权势，在屈从或不屈从过程中，都会碰到对方以明示或暗示表达"行贿"的目的。

⊙ 第四种类型：**性威胁**

这是指骚扰者以威胁惩罚的手段要求被骚扰一方给予性接近，或从事带有性意味的行为，若对方不从，将会遭到报复。例如老师给学生低分，或者给予不公平的学习经验；又如雇主或主管威胁不从者，包括年终奖金减少或扣除，不利的升迁、不当的调遣、随便调职等。

⊙ 第五种类型：**性侵害或性攻击**

这是最直接的性暴力行为，其不只违反了被骚扰者的身体自主权，也威胁到被骚扰者的身体、心理安全，这种伤痛通常不只是肉体上，而是深及心理层次和一辈子的伤痛。因此，性侵害是性骚扰中最可怕、最严重的一种性行为。

在以上几种性骚扰类型中，最常发生在小孩周围的，尤其是小孩对小孩的骚扰，一般是第一、第二种性别骚扰最多。

专家指出，孩子中有许多都受到过同伴或他人的性骚扰，只是没有受到注意罢了。这个年龄阶段的孩子一天中的大部分时间与同伴相处在一起，他们所受的性骚扰多包括言语上、肢体上、视觉上的骚扰（有的孩子会拿性图片让同学们看）等等，甚至也有集体骚扰的事情，例如同学之间玩游戏，谁输了就必须当众脱衣服。有些孩子在周围同学的性骚扰压力之下，变成身心受创的受害者。而老师们却只将同学之间发生的这种事情当成是这个年龄段孩子的性好奇和欺负行为所致，其实，最根本的原因是对性别的不尊重，忽略了生命成长历程中应有的性别意识和性别价值观。

孩子虽然对于性已经有了一定的概念，但是对于性骚扰的概念还不清

妈妈，我害怕——让孩子远离性侵害　第六章

楚，加之，有些性骚扰进行得很隐秘，界限也很模糊，所以，孩子们根本无法说出自己究竟是不是受到了别人的伤害。这时，作为父母，就应该主动识别判断孩子是否遭遇性骚扰。如果父母对于孩子遭受他人的性骚扰问题不管不顾，很可能会对孩子未来的健康成长造成不可挽回的影响。

 与孩子谈论性骚扰，你准备好了吗

　　性骚扰是多么让人不愉快的事情，许多父母不愿意和孩子谈论性骚扰这个话题，因为他们希望孩子永远不要受到性骚扰的伤害。但性骚扰是一种比较普遍的社会现象，不谈论它并不代表孩子可以远离它。有统计结果表明，到18岁时，大约有1/4到1/3的女孩会受到性骚扰。男孩受到性骚扰的比例是1/10到1/8。在性骚扰案件中，受害者的平均年龄大致在6～10岁之间。

　　所以，如果父母能及早让孩子知道这个问题，增强自我保护意识，他们就可以更好地预防性骚扰的发生。

　　讨论这个敏感话题时，父母要会挑选时机。和孩子讨论性骚扰问题最好是在孩子年龄比较小时，因为你没有办法知道这种事情是否会发生，也无法预知它会在何时发生。需要注意的是，谈这个问题时涉及的内容和细节应该考虑到孩子的年龄。当然，无论什么年龄段的孩子，都需要教给他们一些预防性侵害的方法及相关的安全常识。父母可以传输给孩子"身体界限"的概念，避免其随便让别人接触、侵犯他的身体。例如，告诉孩子，如果有些人（如老师或教练等）向他表达爱意时，某些部位是不可侵犯的，诸如胸部、性器官、嘴唇、臀部等；某些动作也是很轻佻不宜的，如让身体感到很痒、很恶心的触摸过程，或是搂抱孩子或要求孩子坐在腿上等。

　　在与孩子讨论这个问题时，父母一定要注意措辞及方式，千万不要吓到孩子。其实，你完全可以不用"性骚扰"这个词。你的目的是告诉孩子：如果他不愿意，任何人都没有权利触摸他的身体。准备讨论这一问题时，最好能在家里营造可以谈论这一敏感话题的氛围，以使这种信息自然而有效地传递给孩子。

对于知道一些生理常识的孩子，父母谈论这一问题时将会更容易，而且可以进一步谈论如何预防性骚扰的问题。在你与孩子谈话过程中，可以适当插入一些有关"性"的内容。这样，可以让孩子更全面、具体地了解到有关性的知识，还可以让孩子明白，什么是美好的"性"，什么是不自然、不正常的。孩子可以了解到哪些行为会对他们造成伤害和威胁，提高分辨能力保护自己。

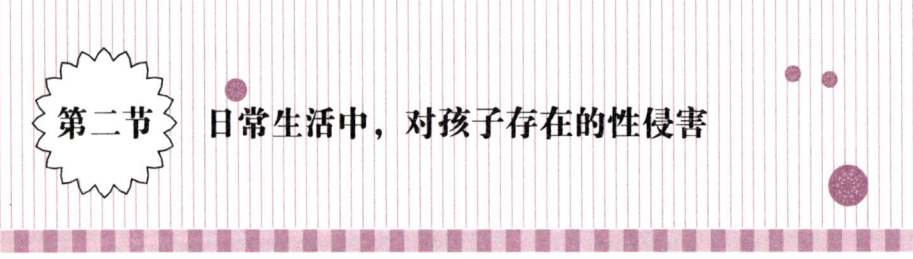

第二节 日常生活中，对孩子存在的性侵害

 不小心看见爸爸妈妈亲热了

父母的性爱造就孩子的生命，父母做爱对孩子来说是绝对隐私的。有时候由于一些偶然的因素，父母做爱的场面可能在孩子面前曝光，就是在这一刻，给孩子幼小的心灵留下了深刻的影响。孩子也许正是性心理萌动、似懂又非懂的时候，不应看见的场面也许对他们性心理造成永久性的影响。事实

上，看和被看对大人小孩均有伤害，一旦发生，父母就不应该忽略问题的存在，一定要及时妥善处理。

送女儿去幼儿园回来，杜玫就迫不及待地给朋友打电话，昨天晚上发生的事儿差点让她背过气去：她和先生投入地做爱之后，意外地发现4岁的女儿站在他们的房间，目不转睛地盯着爸爸妈妈，杜玫不知道女儿到底在房间里待了多久、看到了什么？但女儿似乎是被吓着了，回到自己的卧室怯怯地问："爸爸为什么要欺负妈妈？"

不少父母都遭遇过如此尴尬的场面，区别在于有的父母在孩子进入房间的那一瞬间迅速做出反应，来得及遮掩；有的则沉浸其中，让孩子看到了"重要章节或全貌"，没有挽回的余地。

设想一下，同样的事如果发生在自己身上会怎样？该如何应对？是惊慌失措地尖叫着命令孩子"出去"，然后就当什么事情都没有发生；或者找个时间正襟危坐地和孩子谈"性"；还是把它看做一个向孩子传达有关爱、亲密关系和隐私观念的绝好机会？

未雨绸缪是不可放过的一个程序。慌乱中让孩子离开以及随之而来的缄默，可能会使他因此浮想联翩。我们应该依照孩子的年龄、站在他们的角度建构他们所想的内容，将成人的猜想与孩子的真实想法交流。即便是同一幅"画面"，对4岁和7岁的孩子，解释的侧重点仍应该有所不同。

四五岁的孩子会直观地认为爸爸和妈妈在打架，或者爸爸在欺负妈妈；也许，他还会由此虚构出各种各样发生在你们卧室里的可怕的事情。这需要你纠正他的想法，传达给孩子一个这是关于父母之间表达爱的概念。你可以说："实际上爸爸妈妈是在拥抱，表示我们彼此爱对方，就像我们爱你拥抱你一样。这时候我们希望单独在一起，不被任何人打扰，包括宝贝你。所以，下次我们卧室的门关着时，你别冒失地闯进来。务必先敲门，等我们答应了再进来。"让孩子学会尊重别人的隐私，在家里也不例外。

妈妈说给孩子的悄悄话

六七岁的孩子能说出诸如结婚、接吻一类的词，但并不真正理解意味着什么。当他们目睹父母做爱的场面时，或许能朦胧地觉得爸爸妈妈是在表示友好，就像电视上的人表示亲密一样，但不理解爸爸妈妈为何不穿衣服。如果孩子有这样的疑问，他希望得到坦诚的回答。我们最好对孩子说："有时候，爸爸和妈妈裸着身子躺在一起觉得很舒服。当然，只有彼此相爱的大人们才可以这样做，孩子是不能模仿的，因为小孩的身体还没有发育完全，做类似的事会得病。"让他明白这是成人的行为。

⊙ 对孩子产生的负面影响

林敏已经二十好几，早到了适婚年龄。父母频频催促她早些定下来，她却不为所动。以前也谈过恋爱，可是当男友想有更亲密的举动时，林敏就会不由自主地感到恶心，进而抗拒他的接近。后来自然分了手。面对父母的询问，林敏只是淡淡地表示没感觉，不来电。其实，她心里有着埋藏了十多年的秘密。林敏还清晰地记得，那年的夏夜，自己半夜醒来喝水，听见母亲的呻吟，看见父母滚在一起的情景……林敏当时木在了地上，后来才懂得缩回床上拿衣服包住头，紧紧堵住耳朵。这段经历从此深刻地印在林敏的脑海中，难以忘怀。而她谈朋友也非常挑剔，只能进行柏拉图式的精神交流，一旦亲密，就会回想起当年的那一幕，难以忍受。

张辉和碧儿是大学同学。毕业后两人结婚了，亲朋好友都称赞，他们俩真是天生的一对。但是两人婚后的生活并不幸福。尤其是过性生活的时候，妻子总是很羞涩，两人难以协调。而两人并没有好好利用还是两人世界的时间来磨合，很快就有了小孩。有了小孩后，妻子更加不愿意和丈夫亲热，一点儿都放不开。问她，她说觉得好像被小孩盯着一样，感到很羞耻。长此以往，丈夫的失望变成了绝望。两人的感情终于无法再维持下去，于是分手了。

分手后，他问她到底是什么导致了他们婚姻的不幸？碧儿讲了一个下午，总结成一句话，就是"我小时候看见父母做爱，从此一直感到羞耻。"

妈妈，我害怕——让孩子远离性侵害 第六章

众所周知，成年人尤其是父母的性爱场面被孩子看到，基本上都会导致负面的后果。有些创伤是可以修复的，但是有些伤害是持续的，甚至会给孩子这一生带来阴影。

（1）提前唤醒儿童的性意识。儿童时期的性，其指向是自己，弗洛伊德称之为"自体享乐"阶段，要到青春期性发展时期，其性的指向才向外，即寻求以生殖为目的的性对象，如果儿童看到了父母的性生活，就会使儿童提前将性指向他人，影响了儿童性心理的正常发展。

（2）在儿童的性游戏中模仿父母性交，有些儿童中还发生了男孩将阴茎插入女孩阴道的事情。其中有些行为所造成的伤害甚至是无法挽回的。

（3）这类儿童对性的好奇和探索比其他孩子要强烈，由此他们与性有关的行为和语言会引起他人的反感，并招致老师或父母的批评或惩罚，给孩子带来不必要的挫折感。当然，还有更多的其他间接的影响。爸爸妈妈们，不要低估孩子的生存能力，只要我们相信孩子，他们就能够自己独立睡觉，独立做很多的事情，那才是他们真正的成长，也是你们给他的真正的爱。

所以孩子是重要的，我们要尊重孩子，要给予孩子正确的教育和培养，在夫妻间，我们可以表达相互之间的爱意，但是一定不能在孩子面前表达性，这不仅是对孩子负责，也是对整个家庭的责任。

⊙ **如何处理这种情况**

万一孩子看到了这样的场景，应该怎样处理这个棘手的问题呢？很多父母束手无策了，听之任之的弊端暴露无遗。学学外国一些家长的做法，他们的一些认识和行为还是非常具有借鉴意义的。比如，瑞典的孩子就比我们的孩子幸运些，因为他们的父母绝对不会严厉地对待他们。瑞典是性开放程度很高的国家，其父母也很早就开始对孩子进行性教育。他们在亲昵或进行性生活时若被孩子瞧见了，会十分坦然，一点儿也没有惊慌失措，他们会轻松地告诉孩子，我们也在玩呀，就像你和小朋友玩捉迷藏，不过我们是大人的玩法，你们是小孩子的玩法。孩子听了，立即恢复了轻松，自己玩去了。

还有讲究浪漫的法国人，在孩子很小的时候，就让青少年懂得男女两性的差别、人的发育和成熟以及妊娠分娩等生理科学知识，而且还要他们知道生命的可贵和男女友爱的重要性。在街头碰到一对青年恋人忘情接吻时，大人会停下来，向孩子讲述爱情的幸福滋味，告诉他们性爱是自然的、美妙的，它并不可怕，也没有罪恶性，可怕的是人们对它采取的不正确态度。

性是自然的，所以作为父母平时一定要非常注意，做好隐秘措施，不要被孩子看到自己亲热的场景。一旦被孩子发现在亲热，应该赶快停下来，并尽量遮掩身体，不让其裸露，继而及时到孩子房间里去安抚孩子，跟孩子解释你们在做什么，当然不是直白地说明，而是换一种方式去解释，比如这是大人之间表示关爱的一种方式。

当事情过去一段时间之后，可以找孩子谈谈，试探孩子的反应，并可以对孩子进行生殖知识的教育，降低性爱的神秘感。

如果这件事对孩子的困扰已经过去，那就让它平淡下去，如孩子困扰情绪明显，建议带孩子一起到心理医生处咨询。

孩子大了，父母还在帮他洗澡

"蓬蓬，快来，妈妈帮你洗澡。"妈妈在浴室里喊6岁的儿子来洗澡，儿子却有些别别扭扭地说道："老师说，我是小男子汉了，这些事情应该自己做。"

妈妈完全没注意到蓬蓬害羞的神情，仍旧将蓬蓬拉进浴室，并很快脱掉了他的衣服，蓬蓬有些不好意思地用手捂住他的隐私部位。"你在妈妈面前还害羞？你是我生的，还怕我看你呀？"一直以来，妈妈都是帮蓬蓬洗澡的，晚上睡觉她还喜欢将儿子搂在怀里。可最近，上了小学的蓬蓬对妈妈这些特别亲密的行为有些抗拒。

妈妈，我害怕——让孩子远离性侵害 第六章

母亲帮大男孩洗澡或与之同睡的现象绝非个别，但这些都会对孩子的正确性观念造成一定的影响。五六岁的孩子已经对能体现自己性别特征的部位有一定认识，当关键部位暴露在别人面前时会产生羞涩感。家长应该尊重孩子，让孩子自己洗澡。当然，前提是要早点教会孩子自己洗澡的程序。在孩子洗澡时，把卫生间的门虚掩，家长在门外用语言提示孩子如何洗澡，孩子很快就能学会了。

其次，对于已经上小学的孩子来说，最好不要与父母同睡一张床，大人跟孩子玩耍、亲热时不要碰他的关键部位，以免孩子敏感，大人也不要当着孩子的面换内衣，谈性话题。

 父母任何一方责任的缺失

15岁的小茂，羞怯地跟着母亲，走进诊室后也亲密地与母亲坐在一起，而父亲则坐在一边，翘着二郎腿，悠闲得好像是个旁观者。母亲说小茂从小内向、害羞，他父亲以长年出差为借口，不管孩子，还骂孩子胆小、软弱，弄得孩子到了青春期还没男子气概，不善交往，同学都看不起他。小茂越发自卑，进而注意力不集中、厌学、成绩下降，甚至终日闭门不出，说同学故意欺负他，只得休学了……父亲则反唇相讥，说孩子被人看不起是母亲惯的，连内衣都要母亲洗，能不被人笑话吗？还说母亲天天与孩子同吃、同睡，还经常向孩子灌输父亲的观点不对，弄得孩子根本不听他的，所以他才不管孩子……

像小茂这样的家庭越来越多，父母虽然没离婚，但实质上多数时间孩子由父亲或母亲单独管教，出现了假单亲家庭的格局，这种现象对孩子造成的

妈妈说给孩子的悄悄话

影响不容忽视。

正常的家庭结构像一个等边三角形，父母是底边上的两个角，关系应该是家庭中最紧密的，他们应该和孩子形成同等的距离。可是假单亲家庭就不同了，如案例中的小茂，母亲和孩子过于亲密，父亲则远远地离开家庭，这种家庭结构的紊乱，造成孩子自卑、怯懦，只有在家里才能得到认可，虽已近成年仍不能走出家庭，独立成长。而且，孩子一旦出了问题，父母就会责全求备，相互埋怨对方，甚至互相攻击，逼迫孩子在父母之间"选边"，弄得孩子陷于两难境地中。此为家庭教育之大忌，非常不利于孩子的成长。

那么，如何解决这个问题呢？孩子要认识到，尽管父母可能会远离自己，但他们对自己的爱是不会因此而变化的。父母不要在孩子面前吵架、批评对方；其次要互相合作、理解，共同承担责任、研究对策，保持一致的教育态度和教育方案。此外，可以尝试下列方式加强沟通，减轻影响：

1.在外地工作的父母和孩子应该经常通过电话、书信或邮件互相交流，假期时一起外出旅游。

2.鼓励子女对人真诚、宽容、信任和尊重，多和同学一起做作业、参加集体活动，生日时请同学来玩，以友情弥补亲情的不足。

3.周末到亲戚家玩，以替代远离的父母之爱，促进对孩子的性别认同。

4.请老师协助，对孩子多肯定、赞美和鼓励，帮助孩子建立信心、培养学习兴趣。

5.孩子可以每天对着镜子鼓励自己，"爸爸不在身边，我也是个男子汉"，每周发现自己的一个优点，以消除自卑。

妈妈，我害怕——让孩子远离性侵害 第六章

 "黄色污染"充斥在孩子周围

亮亮读小学三年级，自从家里买了电脑、装了宽带后，便也喜欢上网了。

对于儿子上网，亮亮的爸妈是非常谨慎的。因为他们知道，网络世界纷繁复杂，难免会出现一些不健康的内容。于是，他们给电脑设置了启动密码，亮亮不知道，想上网时必须由家长给他开机。亮亮上网的时候，爸妈经常在旁监督，并严格控制他的上网时间。平时亮亮多是闲暇时在网上玩玩益智小游戏，既没有沉湎其中，也不知网上有什么"黄色"的东西。

但一年的寒假时，亮亮的爸爸正在一家网站的论坛里浏览帖子，一个"黄色"页面突然弹了出来，画面不堪入目，怎么关都关不掉。亮亮爸爸知道这是遭遇了流氓软件的攻击，正准备重启时，儿子突然进来找他的课本，与"黄色"画面迎面相撞。当时，亮亮"哎呀"叫了一声，父亲连忙让他出去，对他说，这是受到了流氓软件的攻击。事后，爸爸更担忧孩子独自上网了，因为有的黄色内容不是你去找它，而是它自己送上门来，想拒绝都拒绝不了。

现在的孩子处于各种信息的包围之中，而他们心智尚未成熟，自制力缺乏，是非辨别能力不足，因此很容易受到外界的诱惑，接触甚至着迷于那些色情暴力的东西。而一些唯利是图的不法商家也趁机打起了主意，利用各种手段吸引孩子接触那些黄色和暴力的书籍、影音制品和网站。孩子一旦沉迷于此，轻则性格自闭，荒废学业；重则思想中毒，以身试法，走上犯罪道路。

当我们正为我们的黄色笑话捧腹大笑时,有没有留意到孩子们也在听我们说笑话;当我们在"欣赏"淫秽作品的时候,有没有让孩子发现了;当我们高谈阔论"艳照门"的时候,孩子们的反应是怎样的;当色情场所就设立在家门旁边,孩子们路过时会怀着什么样的心情经过呢……泛色情风气弥漫了整个大环境,每个孩子都在一个独立的小环境下成长,如果我们不关注孩子们的环境,他们的生活将会被不良的事物慢慢蚕食。学坏很容易,学好很困难。对孩子们既不可进行封锁式的性教育,也不可赤裸裸地描述。他们对事物的认识,就像一个海绵,无论好的坏的都吸收进去,我们必须有选择地挑选给孩子们吸收,并告诉他们什么是对的,什么是错的,不好的东西要让他们看到这些东西不好的本质并远离。

父母应该加强对孩子的思想教育,让他们深刻认识到黄色、暴力等不良信息的巨大危害,自觉抵制其侵蚀,多多接触那些内容积极向上的文学书籍和电视电影作品,塑造高尚健康的品格。

 色情影片、视频对孩子的性伤害

梅女士的女儿3岁多,一个周末,她丈夫的朋友带着5岁的儿子到梅女士家作客,这个朋友常跟儿子一起看黄色色情电影。中午的时候梅女士有要事外出,而丈夫和朋友们正在打麻将,两个小时以后梅女士回家了,却不见了两个小孩。后来发现客房的门锁上了,梅女士用钥匙打开了房门,却看见两个小孩子慌慌张张地从被窝里跳了出来。梅女士努力地控制住自己的情绪,她不想吓坏小孩子。

冷静下来以后,梅女士支开了朋友的孩子,心平气和地问女儿刚才他们在做什么游戏,但女儿只是一个劲地摇头,并且说:"我怕说了后你会骂

妈妈，我害怕——让孩子远离性侵害 第六章

我。"眼看问不出结果，梅女士只能把事情暂时搁置。

两天后，梅女士和女儿在做游戏时，对女儿说："你把那天你和哥哥做的游戏教给妈妈，让妈妈跟你一起玩。"女儿高兴地答应了，她先让梅女士躺下，然后她自己坐到妈妈的肚子上，并告诉梅女士，生小孩是这样子的，接着女儿做出的动作让梅女士难堪极了……

色情影片或视频往往夸张地表现两性性器官或性器官交媾的活动。孩子看了色情电影或视频后，唤醒了他对两性性活动的关注，而5岁男孩的性活动已经超越了这个年龄孩子的性探索范围，他模仿成年人的性活动方式是性心理早熟的表现。

外在的影响和刺激引发孩子的这类早熟的性活动，都将减少孩子的可教育性。这些孩子进入青春期以后，可能更早地进行性活动或与异性发生性关系。

在我们平时看到的电影和电视节目中，有很多男女间亲昵的场面，比如牵手、拥抱、接吻等，但与色情电影不同的是这样的电影突出表现的是人类的情感、道德和人文。孩子与父母一起看电视或电影的时候，父母常常在电影出现表达爱情的镜头如拥抱、接吻时，往往很不自然地立即换频道。

其实，孩子在此时是能够感觉到父母的紧张的，所以父母的这种行为反而唤醒了孩子对此类镜头的关注。长此以往，孩子也就心领神会，为了迎合父母的心思，看到这样的镜头时他就会用手遮挡眼睛，却留个指缝往外看，还大叫一声"少儿不宜"。父母这种此地无银三百两的做法其实更加刺激孩子对两性接触的关注，同时让孩子认为男女相爱，肌肤之亲是不好的、羞耻的事情，让孩子误解爱情，更会影响孩子情感的发育。

当电影中出现男女相爱的画面时，我们不妨这样来告诉孩子：男女之间产生了爱情，他们就需要通过身体的接触来表达这种情感，比如他们会接吻、拥抱、身体亲密接触等，这样他们就会感到很幸福。妈妈应该给孩子传递这样的观念，人类有爱情，相爱的男女之间有肌肤之亲，这种情感的交流能够给相爱的人带来幸福的感觉，这是人类最美好的情感之一，是很宝贵的，是值得珍惜的。

第三节 关注孩子心理，让伤害降到最小

父母如何识别孩子遭遇性骚扰

专家指出，孩子虽然不懂性骚扰，但是，孩子对于遭受性骚扰会不自觉地发出信号的，父母可以通过孩子的这些信号察觉出孩子是否受到性骚扰。例如，孩子忽然对你说："妈妈，我不喜欢苏老师，因为他很爱摸人家。""班上有的男生好坏喔！会掀女生的裙子。""妈妈，以后不要让林伯伯来我们家好不好？"

当你的孩子发出类似的信息时，做父母的也许会认为子女的话不必当真，一时闹闹情绪而已，或者只是同学间打打闹闹罢了，甚至还会怪他这么多事。这就大错特错了。

生活中，许多人都有被性骚扰的经历，尤其是女性，几乎没有人可以幸免，只是程度上的不同：小到对方说下流话、开过分的玩笑、暴露隐私部位等言语或心理的侵犯，大到身体上的触碰、摩擦，严重到强暴。根据统计，性侵害事件的受害者从1岁到80岁，不论男女、不论白天或晚上。有时是发生

妈妈，我害怕——让孩子远离性侵害 第六章

在公共场所，像公车上、人潮拥挤的街道、百货公司等等，有的则发生在学校或工作场所里，例如教职员对学生、上司对下属及同学之间；更有许多性侵害事件是发生在家里的，加害人就是亲人或是长辈。但是，很多人都搞不清楚到底什么样的情形才叫做性骚扰。这表示我们社会对"身体的自主权"这个观念并不重视。

⊙ **父母和孩子一起认识何谓性骚扰很重要**

因为加害者是没有一定的"样子"的，因而熟识者的性骚扰或侵犯最容易被忽视。当子女对异性或某人异常排斥、反感、过分畏缩，或常说尿尿的地方会痛，甚至有大小便失禁的现象时，家长需重视其所发出的种种警讯。首先，要相信子女的感觉并给予他（她）支持，最忌讳的是怀疑子女，还施以责骂，造成他们心理上的二度伤害，失去对父母的信任感。除教导子女防范性骚扰外，更重要的是教导他们在日常生活中实践两性平等、互相尊重的观念，尤其是男性，不要让他们在不自觉中成为侵犯他人的人，因为任何人都没有权力去侵犯他人的身体。

⊙ **观察孩子的生理表现**

比较严重的性骚扰，不管有无性器官的接触，对受害人而言都会产生一种恶心、焦虑、不安、惊吓、害怕、疏离、冷漠、无助、挫折的感觉。在生理上可能出现偏头痛、胃痛、食欲不振、体重减轻（或突然增重）等不正常反应；小孩还可能出现深夜哭泣、觉得羞辱、自责或自觉罪恶感等症状。这都是成人们要小心观察并且适度予以响应的。

孩子遭遇性骚扰或性侵害时，有可能会影响其学习，在学习和看书时会产生困扰和障碍，甚至不快乐、没有安全感、缺乏自尊感，以及有缺乏对他人的信任感等等人格伤害。身为父母，有时没觉察或觉察太晚，这对小孩是很大的心理负荷，也是持续性的伤害。所以，平常就应该维持一个畅通、舒坦、民主、温馨的亲子沟通环境，让小孩对于这一类的问题，能很自然而习惯地提出来讨论。

父母亲除了是性骚扰问题的教育者之外，也可以是辅导者、治疗者。

妈妈说给孩子的悄悄话

万一小孩出事了，怎么办？身为父母亲，最重要的策略是伸出温暖的手，让孩子有安全信赖的环境去面对问题，感觉到父母亲可以做他们的后盾，而不是一味地指责。爸爸妈妈就是最佳的守护神，也是情感上最佳的支持者，父母的爱就是最佳的治疗剂。

在孩子遭遇性骚扰问题上，最忌讳的是父母以"没关系"的心态来面对孩子的问题。一位小女孩被妈妈的一个男性朋友性骚扰，她去告诉妈妈，说自己被欺侮了，但妈妈却认为女儿在说谎，并没有将此事放在心上，结果，女儿14岁检查出身体怀孕时，这位妈妈才恍然大悟，但此时后悔已经太晚了。所以，为了防止这种不幸情况的出现，专家建议，父母要经常和孩子沟通，要给孩子提供一个自由的沟通渠道，要给孩子足够的尊重与关爱，鼓励孩子将感受说出来。

 幼儿性侵犯多数来自熟人

父母们通常认为陌生人对孩子的威胁最大，实际上大多数侵犯者都认识受害者。这些人一般看上去不像坏人，甚至有可能是非常受欢迎的老师或者辅导员，也有可能是我们熟悉的人，比如亲戚、邻居、继养父母或者朋友。

这也是儿童性侵害最令人痛心的地方。这些侵害者充分利用了儿童的信任和崇拜进行伤害；有的利用儿童需要别人关爱的善良本质和对大人权威的恐惧，对儿童由一般爱的表达到性的活动。

正因为性侵害披了五彩的"外衣"，往往使儿童感到一种背叛的困惑，觉得是自己的错，因为一开始没有强烈地拒绝，或自己因为生理的愉悦而有罪恶感。即使儿童感觉到那是不对的游戏，但当侵害者说这没什么时，儿童也只有顺从了。

妈妈，我害怕——让孩子远离性侵害 第六章

从国内外的调查来看，85%以上的性侵犯都是当事人的邻居、朋友、亲戚、熟人或父母干的。孩子在这个过程中始终感受到背叛。如果没有特殊的治疗，对他人的不信任可能会持续终生。

香港在一份关于性侵犯者的调查里面发现，父亲占据的比例居然是最高的，达到21%！朋友或者同学也达到19%。近几年来，媒体曝光的诸如"父亲奸淫女儿、少年强奸同学"的案件，已经比比皆是。

家庭本是最安全的地方，然而，来自我国青少年法律援助与研究中心的一份调查显示，近一半的儿童性侵害来自于家庭内部。这些性侵害多发生在女孩子身上，这些孩子从四五岁一直到十七八岁，情况各有不同，但都有着一个非常相似的共性——受侵害的儿童多发生在家庭结构骤变或家庭环境不和谐的家庭当中。

幼儿性侵犯源自熟人的原因

为什么性侵犯的案例多发生在熟人群体内呢？分析其原因，以下几个方面可能是很重要的原因：

⊙ 易接近

除非有父母陪同，现在的孩子知道不应该随便在街上逛，也不会接近陌生人，所以侵犯者较易接近已经认识的孩子。

⊙ 易拐骗

孩子对熟人的戒心比较低，不会想到身旁的人会欺骗自己，当受到食物或金钱引诱时，相信对方是出自爱护之心。

⊙ 不反抗

当孩子受侵犯时，通常抱着既惊恐又不相信的态度，甜言蜜语会使孩子

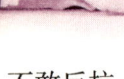
妈妈说给孩子的悄悄话

不敢反抗。

⊙ 被强迫

若孩子以为认识者有权有势，会对自己或家人不利，当被迫做些不雅行为时，也不敢说不，以为只此一次，只要顺从便可免受皮肉之苦。

⊙ 渐进式

侵犯者会用渐进式的手法接近孩子，首先用物质引诱，得到孩子的初步身体接触，然后用亲吻表示好感，再用抚摸使孩子感到混乱，不知是好是坏，然后暴露身体或看"三级"电影，继而接触孩子的私处或做出诱奸的罪行。由于是渐进的侵犯，孩子不知如何应对，怕只是自己过度敏感。

⊙ 守秘密

由于是认识的，侵犯者了解孩子的心理，用恐吓的口吻使孩子乖乖地保守秘密，因为孩子不敢出声，侵犯者更得寸进尺。

 性侵害发生后，父母该做的

父母在处理孩子被性侵害事件的过程中，要以能够最大限度保护受害孩子的角度出发，因此需要把握以下9个原则：

⊙ 第一时间进行评估和创伤处理

父母发现事情的当时，如果孩子的身体受到伤害，父母要带孩子在第一时间进行医疗评估和创伤处理，医疗评估可以作为控告罪犯的证据之一。收集能够证明罪犯有罪的相关证据并及时报案。

同时父母要以孩子能够理解的方式和语言，向孩子解释身体受到的伤害，并同时告诉孩子身体很快就能够康复。

⊙ 消除孩子的惧怕心理

父母要态度平静地询问孩子事情发生的具体细节，不要在孩子面前表现出愤怒或吃惊等情绪，那会使孩子被惊吓，不敢说出实情和具体细节，这样父母就了解不到孩子受到的具体伤害。

要鼓励孩子将全部细节讲出来，消除孩子惧怕被父母责备和打骂的心理，父母要抱着孩子对他说："宝贝，你能够将这件事情告诉爸爸妈妈，我们非常感谢你，说明你信任我们！"

但是，如果父母多次重复地询问事情的经过会使孩子担心自己做错了什么，给孩子带来精神压力，所以，在第一次询问孩子的时候要尽量仔细。

⊙ 让孩子远离侵害人

父母应该让孩子远离对孩子进行性侵害的人。将罪犯绳之以法是最大快人心的事情，但这需要父母收集充分的证据。如果因为没有足够的证据或者其他原因让侵害者服法，父母要警告或想办法让侵害者远离孩子。

如果是家里的亲戚，要警告他不可以再接近孩子，如果是孩子的老师，父母要警告他不可以再接近并伤害孩子，或与学校协商离开这个班级。总之，远离性侵害者才能够保护好孩子。

⊙ 不要让孩子反复讲述被伤害的过程

父母可以让孩子配合公安机关的调查取证，但不要让孩子对公安机关或其他机构或媒体多次叙述被性侵害的过程，这会带来一次又一次的心理伤害，加重孩子创伤后的痛苦。

大范围的媒体报道会使孩子陷入同伴关系的困难中，被同伴孤立或被嘲弄，或将此事作为攻击孩子的材料。

⊙ 做好安慰工作

对于已经明白这是一场发生在自己身上的灾难的孩子，身体完整感和身体形象受到了破坏，孩子会认为自己已经不再是以前那个完美的人了，担心父母不再爱自己。所以，父母一定要经常抱着孩子，告诉他："你永远是爸爸妈妈的宝贝，我们永远都会爱你！"让孩子明白爸爸妈妈永远不会抛弃他。

父母更要让孩子从父母的拥抱和言语中感受到坚定不移的爱,这是孩子修复心灵创伤的精神力量源泉。父母尽量不要当着孩子的面发泄情绪和议论此事的处理方式,也不要因此事而显得紧张不安,这会使孩子感觉自己做了什么错误的事情使父母如此不开心。

⊙ 不要"追究"孩子的责任

父母要让孩子知道,这不是他造成的错误。父母不可以责备孩子没有保护好自己,不可以以打骂受害孩子的方式发泄自己的愤怒,不可以带着孩子上门讨说法,不可以让孩子感觉到父母因此事而丢脸,这会让孩子感到失去最后的保护之地而陷入绝望的深渊。

⊙ 在生活和学习上更加关心孩子

父母和老师要理解受到性侵害的孩子出现的心理创伤行为,受害孩子会出现注意力不集中、成绩下降、无心做作业等问题,这是孩子的心理创伤反应,不是孩子学习态度的问题。

老师要给予受害孩子更多的宽容和关爱,耐心等待并帮助孩子从创伤中恢复。父母要与老师及时沟通孩子的心理状况,及时了解和帮助孩子。

⊙ 及时与心理医生沟通

父母要寻求专业心理医生来帮助孩子,及时与心理医生交流孩子的状况,配合心理医生帮助孩子进行心理康复,这对孩子的心理康复非常重要。

⊙ 及时采取措施防范孩子再次被侵害

在受害孩子转入正常的生活和学习之后,家长和学校要加强对孩子进行预防性侵害的教育,同时采取必要的防范措施,避免再次发生对孩子的性侵害,例如经常与孩子谈心、与老师交流等等。

妈妈，我害怕——让孩子远离性侵害 第六章

第四节　家有儿女，妈妈要教他怎样保护自己

 **妈妈，叔叔亲了我的嘴**

莉莉边吃棒棒糖边走进屋。妈妈奇怪地问她糖是哪里来的，莉莉开心地说："是叔叔买给我的！那个叔叔可好了，不但买糖给我吃，还喜欢抱紧我，亲我的嘴呢……"

 场景一：

"我们家莉莉真是惹人喜爱！"
"妈妈，大家都说我长得漂亮呢！"

 场景二：

妈妈大惊失色，一把夺过莉莉手中的糖，狠狠地摔在地上。
"你这个好吃鬼，被人占了便宜还不知道！"
"妈妈！妈妈！"

 场景三：

"叔叔除了抱你、亲你，还对你做了什么吗？"

妈妈说给孩子的悄悄话

"没有。"

"妈妈说过不可以随便吃人家的东西，你怎么又吃了呢？以后去哪里玩都要告诉爸爸妈妈一声，不然我们会担心的！还有，嘴、胸部和小便的地方不要让人乱摸和亲吻哦，记住了吗？"

"妈妈，我记住啦。"

儿童性骚扰是指成人对儿童的诱奸或以欺骗为外衣的性攻击。这种性骚扰有时表现为性交，但更多情况下是对儿童性器官或其他部位的玩弄。家长可以通过孩子的反常情绪、异常的躯体症状，如会阴部、大腿内侧、屁股等部位有无红肿、齿咬痕迹等来作出判断。

情景一中的妈妈很粗心大意，她的行为可能导致孩子错误地将性骚扰当成是大人对她的喜爱，从而为将来遭受更严重的性侵犯埋下祸根。

情景二中的妈妈过分夸大孩子遭受性骚扰的后果，而且将遭受性骚扰的过错直接强加给孩子，容易使孩子产生罪恶感，心理伤害更是雪上加霜。

情景三中的妈妈首先以平常的口吻询问孩子事情发生的经过，在确信孩子没有遭受更严重的侵害之后，告诉孩子不应随便吃人家的东西、应当让爸爸妈妈知道其所去的地方、身体的哪些部位不能让人随便摸，等等，不但教给了孩子预防性骚扰的知识，还最大限度地保护了孩子的心理免遭进一步伤害，她的做法是正确的。

告诉孩子不可以随便亲吻别人或和别人亲吻，其实背后传递的信息更重要的是教导孩子如何保护自己，正确地分辨别人的行为是否对自己造成了伤害。

此外，在教导孩子不要随便亲吻的同时，还要向孩子灌输一种意识：学会尊重自己与他人的身体，可以降低日后受到伤害的几率。2岁以后正是学习力最强的阶段，此后父母可以根据孩子的理解程度结合多种教育方法，时常提醒他爱惜身体和尊重别人。

妈妈，我害怕——让孩子远离性侵害 第六章

 教给孩子"性隐私"的概念

初生的婴儿是"赤子"，毫不介意自己赤身裸体，随着年龄的增长，孩子会逐渐了解有些事情不宜当众去做。传统上，我们往往教给孩子"羞耻"的概念。比如，当一个孩子当众碰触自己的生殖器时，我们往往会说这样做"羞羞"。一个含糊的"羞"字往往会让孩子对自己的身体有不好的评价。

更好的方式则是教给孩子"隐私"的概念。可以告诉孩子：那个地方是他"自己"的地方，如果他想碰触的话，可以"私下"去做，比如回到自己的卧室。这样说可以在不让孩子对身体感到羞耻的前提下教给孩子社会可接受的行为方式。

小孩到了四、五岁，不仅清楚地了解了男女的不同，而且会比较理解社会上男女有别的情况。这正是对孩子开始进行隐私感教育的时机。

隐私感的教育包括很多方面，比如：

——人身体上有些部位比另一些部位更特殊，不宜暴露。

——有些事不适合当众做，但可以在卫生间或自己的卧室做。

——男女有别，有些事情男、女要分开做。

——隐私并不等于不好。

在这方面，不同家庭的尺度是不同的。重要的不是尺度到底在哪里，而是明确有某种尺度需要孩子逐渐掌握。这种尺度同样不是通过长篇大论去灌输的。在公众场合尽量不要让孩子随地大小便，尽量让孩子在卫生间方便。当孩子当众抚弄生殖器官的时候，不大声呵斥，而是转移孩子的注意力，或者让孩子到自己的卧室去。随着年龄增长，减少让男孩上女厕所的次数。当

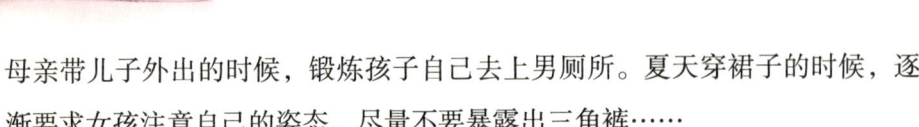

妈妈说给孩子的悄悄话

母亲带儿子外出的时候,锻炼孩子自己去上男厕所。夏天穿裙子的时候,逐渐要求女孩注意自己的姿态,尽量不要暴露出三角裤……

教给孩子社会的文明常规、礼仪是父母的责任。在此过程中,父母应该特别考虑到孩子的年龄和接受程度,循序渐进。如果父母过于生硬、严厉,则会让孩子对身体产生过度强烈的羞耻感,以致影响以后形成健康的性意识,就得不偿失了。

给孩子创造一个安全的环境

我们不仅要教育宝宝加强自我保护意识,作为父母,首先有责任和义务给孩子提供一个安全的环境。

1.不把孩子交给除家人以外的异性照看,对照看孩子的人要绝对了解。

2.经常了解周围出现的人,包括亲戚、孩子的老师和伙伴。

3.无论多忙,都要细心观察孩子的异常反应,包括变得胆小、爱哭,忽然不喜欢上学,忽然害怕和父母亲热等等;妈妈在洗澡时要不露声色地检查孩子的下身、内衣裤。

4.无论你的孩子要上幼儿园、兴趣班还是夏令营,都要了解清楚它们的背景和口碑。如果机会合适的话,也可以尝试和组织者间进行沟通,了解包括保护孩子免受性骚扰之内的所有安全措施。

5.还可以了解本小区或附近的求助机构。万一你发现或者怀疑孩子在遭受性侵犯的时候,要知道去找谁求助和投诉。

妈妈，我害怕——让孩子远离性侵害 第六章

 预防性侵犯的7大原则

⊙ **禁止别人触摸隐私部位**

告诉宝宝：每个人的身体都有一些隐私部位，包括腹部、臀部、大腿内侧，还有女性的胸部和阴部，以及男性的阴茎等。如果有人违背我们的意愿，不合理地要看或触摸我们的隐私部位，一定要立刻离开或者大声叫喊，能离开的立刻离开；如果别人不让离开的要大喊大叫，并攻击对方要害部位。

⊙ **不可以吃陌生人给的饮食**

告诫宝宝，不管是什么好吃的东西，如果是陌生人给的，都不可以吃。如果宝宝想吃那样东西，回家后可以告诉爸爸妈妈，爸爸妈妈一定会给宝宝买的。

⊙ **不要独自待在僻静的地方**

告诉宝宝，不管是在幼儿园玩游戏的时候，还是在回家的路上或者任何时候，都不要一个人待在僻静的地方，这样爸爸妈妈会找不到宝宝，容易遇到坏人。一定要和老师或者其他小朋友待在一起。

⊙ **学会利用电话求助**

家长应该让孩子知道，通过电话可以与家人或其他人讲话。当他需要帮助的时候，知道可以向谁打电话求助。

平时可以教宝宝记住爸爸、妈妈的电话号码以及其他可以寻求帮助的电话号码，然后教宝宝应该怎么向他人求助打电话等。

⊙ **不可和别人离开幼儿园**

告诉宝宝，爸爸妈妈或者爷爷奶奶一定会来接宝宝，如果不来接也会告诉老师谁来接，千万不可以和别人离开。

妈妈说给孩子的悄悄话

如果有人说是爸爸妈妈让他来接宝宝的,一定要问他爸爸妈妈的名字,或者问些更难的问题,答不出来的就要离开跑掉,去找老师或更多的小朋友。

⊙ 独自在家时不要给人开门

家长可以与孩子一起讨论,想出尽可能多的解决问题的办法,如:不开门,也不出声响,让他以为家里没有人。不开门,回答他,妈妈已经休息了,让他改日再来……然后与孩子一起比较每种解决问题方法的优点和缺点,从中找出一种最好的方法。

⊙ 在外时不要让孩子离开大人视线

假期是儿童意外伤害的高发期,大约能占到全年总数的一半以上。让孩子单独在家,也容易发生意外。所以,不要让孩子离开保护人的视线,否则,危险随时可能发生。

平时应如何教导孩子防范性侵犯

预防宝宝受到性侵害,父母不仅要提供给宝宝一个安全的环境,同时也要及早教育宝宝如何应对可能的危险,以下10点可以参考:

1.辅导孩子了解自己身体的部位,对隐私的地方,如胸部、下体是不能被人随意触碰的,要教会孩子有权拒绝最亲的人的触摸。

2.不应刻板规定孩子一切要听大人的话,要教他们适当地拒绝别人的要求,比如练习说"不"以保护自己。

3.侵犯者包括熟人和陌生人,不应教孩子只提防坏人,而是增强他们对事情的分析力和警惕性。

4.从游戏中训练孩子的观察能力,以游戏来扮演侦探,记住他人相貌,也可根据情景,训练孩子的应变能力。

5.教导孩子的秘密有多种性质,安全的秘密会给你带来惊喜,但危险的秘密则伤害自己,是不应遵守的。

6.评估孩子平时上学路线或玩耍的地方是否安全,这有助于孩子确定哪里比较安全。

7.不要轻易让陌生人得知孩子的名字,免得孩子被误叫时,以为是熟人而降低防范。

8.帮助孩子列出他们认为可以信赖和求助的大人名单,如亲友、老师、邻居等,并写下应急的联络电话。

9.鼓励孩子表达感受,接纳他们有惊慌、哭泣和发怒的时候,多了解他们的情绪,建立信任和支持的亲子关系。

10.父母平时多拥抱孩子,让孩子感受正常关爱的接触,以区别侵犯性的触摸。

教宝宝区分别人接触自己身体时的感受

身体触摸的感受一般有3种:舒服、迷茫和反感。

舒服安心的身体接触有:轻拍肩膀、轻摸头部、拖手等;

反感的身体接触有:扯头发、踢、掌掴、强拉强拖等;

迷惘的身体接触有两种情况:一种是一些身体接触不能令人分辨是好或不好,但是感觉不自然;另一种是触摸的人是孩子所喜欢或信任的人,但他所触摸的部位,都是孩子不喜欢的,所以令孩子感到迷惘。

家长平时可以和孩子就这些不同的接触方式进行情景模拟,教会宝宝在面对迷茫和反感的身体接触时要立即跑开,或大声喊叫求助。这样可以让宝宝更好地保护自己,远离骚扰。

编 后

他山之石——看看外国对儿童的性教育

⊙ 芬兰——幼儿园就有性教育图书

20世纪70年代初,性教育进入了芬兰中小学的教学大纲,连幼儿园也有正式的性教育图书,一面加强性道德教育,一面从性保健出发进行性知识教育。芬兰有本性教育书——《我们的身体》,家长可以像讲《一千零一夜》那样每天讲一节,性教育就自然而然地开始了。40多年过去了,芬兰的性教育取得了举世瞩目的成效,被世界人口与发展会议树为典范。

⊙ 瑞典——通过电视实施性教育

瑞典的性教育亦称"避孕教育",是世界性教育的典范,其早期学校性教育是国际公认的青春期教育成功模式之一。

瑞典从1942年开始对7岁以上的少年儿童进行性教育,内容是在小学传授妊娠与生育知识,中学讲授生理与身体机能知识,到大学则把重点放在恋爱、避孕与人际关系处理上。1966年,瑞典又尝试通过电视实施性教育,打破了家长难以启齿谈性的局面。这样的教育模式取得了显著成效:性病的患病率极低,20岁以下女孩子怀孕生育的情况几乎没有,出生率明显下降,堕胎率超低,性病和性犯罪比例也在不断下降。

⊙ 英国——5岁必须开始强制性性教育

英国法律规定,必须对5岁的儿童开始进行强制性性教育。根据"国家必

修课程"的具体规定,英国所有公立中小学都将学生按不同年龄层次划分为4个阶段来进行不同内容的性教育。

目前,在英国还流行"同伴教育",即利用朋辈间的影响力,通过发展青少年的自我教育和自助群体,抵御来自社会的消极影响。

⊙ **新加坡——推出多媒体教育教材**

新加坡计划生育协会为青少年制订了一系列性教育方案,其重心放在严格控制性行为、性年龄。到1999年,已经有9000多名公民接受了性教育课程,产生了良好的效果。2004年,新加坡教育部制订了一个系统的性教育方案,并为中学低年级学生设计了一套多媒体性教育教材《成长岁月系列》,随后又推出3个《成长岁月系列》教材,分别适用于小学高年级、中学高年级和更大些的学生。

⊙ **马来西亚——4岁小孩也要学性知识**

一份由妇女、家庭与社会发展部、教育部、非政府组织以及教育家等联合起草的关于全国性教育的建议书日前提交给了马来西亚内阁,并获得通过。性教育将在两年内成为学校的科目之一,可让小至4岁的孩童也学习性知识。学生将在性教育科目中学习到人文发展、两性关系、婚姻与家庭、沟通技巧以及安全的性行为。

在马来西亚,父母会主动谈到一些性知识。初中的教科书里就有不少性知识的传授,包括避孕、受孕等。对小学生,则用一些有图画的小册子向他们宣传如何保护自己身体之类的知识。

⊙ **荷兰——孩子和父母餐桌上讨论性话题**

荷兰人开放的性态度给全世界留下过深刻印象,然而,荷兰拥有欧洲国家最低的青少年怀孕比率。在荷兰,与学其他课程一样,孩子6岁进小学时就开始接受性教育,孩子们甚至会在餐桌上和父母讨论这方面的话题。荷兰的教育专家认为,对青少年甚至儿童开展早期性教育,可以让青少年知道如何保护自己,帮助青少年不致于因为一时的性冲动或对性的某种无知而做出令自己后悔终生的憾事。

妈妈说给孩子的悄悄话

⊙ 美国——1/3学校进行禁欲教育

美国从小学一年级起就开始传授生育、两性差异、性道德等知识，初中阶段讲生育过程、性成熟、性约束等，高中阶段讲婚姻、家庭、性魅力、同性恋、性病、卖淫现象、性变态等，并向学生发放避孕套。

最近10年里，全美有1/3的学校增加了禁欲教育，提倡将性行为推迟到婚后，并告诉学生实行安全性行为的做法。有一些学校还提供在何处可获得控制生育器具或如何使用避孕套的资讯。

⊙ 日本——性知识从小学教到高中

日本文部科学省出版的小学第一册《卫生》教科书封面就有女性和男性的身体和性器官图。小学每年有1~2个小时的特别讲座，内容是男女之间身体的区别、月经和怀孕的原理等；初中每年也有1~2小时的特别讲座，呼吁学生不要进行危险的性行为，学生还可以学到避孕和性病知识；高中的体育保健课和家庭生活课里有性教育的课程，内容涉及避孕、流产、性病和伦理道德方面。日本每所初、高中都有专门由专家学者组成的"协助者协会"，负责向学生提供各种性咨询、性教育，并编写性教育指导手册。虽然家长也会向孩子讲一些相关知识，但日本学生的性知识主要从学校获得。